W0001684

Dieter Hildebrandt

**Denkzettel**

# Inhalt

# KATER

Heute morgen gegen meinen äußersten Widerstand aufgewacht. Gewußt: Es ist was, es liegt was an. Ich muß weg. 9 Uhr 30 ist mir gesagt worden. Schon zu spät? Nein, es geht noch. In den Spiegel gesehen. Den kenne ich von gestern. Da sah er besser aus. Naja, war aber lustig, und es ist zweimal über mich gelacht worden. Das eine Mal habe ich gesagt...das muß einigermaßen komisch gewesen sein, weil der Dings, der in der Ecke, der sonst gar nicht...das hält jetzt auf!

Unter die Dusche. Verdammt, ich werde dicker. »Ach schmölze doch dies allzu feste...« Keine Zitate jetzt! Vorbeugende Maßnahmen, wenn man sich unter der Dusche vorbeugen muß, um seine Zehen zu sehen. Kannst du nicht einmal einen Tag ohne einen Kalauer beginnen?

Donnerwetter, das war ja ein ganzer Satz.

Anziehen. Auto. Seit Jahren fährt mein Auto von fast ganz alleine an meinen Arbeitsplatz, in die Lach- und Schießgesellschaft. Aufpassen! Heute muß ich woanders hin.

Wohin eigentlich? Wo ist der Zettel?

Umdrehen, wieder nach Hause. Der Zettel ist weg. Also hinauf ins Arbeitszimmer. Terminkalender. Da liegt der Zettel drin. Auf dem steht: »Zettel auf die Treppe legen, wo ich hin muß!!«

Hinunter. Wo liegt der Zettel? Da liegen viele.

»Mutter anrufen« – »Heizöl nicht vergessen!« – »Jutta

Geburtstag!« – »Kartoffeln, Klopapier, Putzmittel, Milch« – »Notar aufsuchen, Testament machen.«
»069 4950391 anrufen.«
Und ganz unten liegt er. »Morgen 9 Uhr 30. Telefoninterview Südwestfunk. Zu Hause bleiben!«
Das Telefon läutet. Ich weiß gar nicht, was ihr alle wollt, ich bin doch kein Chaot!
Um meinem eigenen Chaos zu entkommen, schreibe ich diese vielen Zettel. Überall stecken sie, liegen sie, klemmen sie, sind angeklebt, angeheftet, mit Reißzwecken befestigt, in Schachteln, auf Spießen, unter der Post, über der Post, im Auto, neben dem Bett, zwischen Buchseiten, auf dem Fernsehapparat, einmal sogar zwischen Hörer und Gabel *im* Telefon. Darauf war eine Telefonnummer vermerkt, die ich dann wählte, woraufhin sich eine automatische Anrufbeantwortungsstimme meldete und ein Herr mich fragte, was ich von ihm wolle. Das wußte ich nicht. Nun hätte ich den Zettel wegwerfen können. So etwas tue ich nicht, weil ich immer die Angst habe, ich könnte etwas wegwerfen, was ich noch einmal brauche. Ich werfe nie etwas weg. Es ist schon genug weg, was ich gar nicht weggeworfen habe.
Blitzartige Erhellungen, Einsichten, Durchblicke, wahnwitzig brillante Aphorismen! Und je länger sie weg sind, um so hervorragender werden sie. Mein Gott, was hätte aus mir werden können! Warum habe ich mir nicht notiert, wie ich mir das vorstelle! Auch einer von den weggen Zetteln.
Vor einem Jahr, es war vermutlich im August – oder doch vor zwei Jahren? – kam mir die Erleuchtung, daß ein Computer, ein Speicher-Assi, mein überzetteltes Haus retten könnte. Alzheimer mit Apple vernetzen! Ich hatte mir schon einen Zettel an das Weinglas geklebt und, das möchte

ich betonen, sogar außen angebracht, aber leider dabei vergessen, daß mich ein Ständig-daran-erinnert-Werden wütend macht. Also habe ich von diesem Moment an ein anderes Glas benutzt. Ich besitze mehrere.
Dann kam der furchtbare Augenblick, Augenblick deshalb, weil ich es mit meinen eigenen Augen erblicken mußte, als ich bei einem orkanähnlichen Föhnwind das falsche Fenster öffnete. Weil ich von einer trotzigen Grundhaltung beherrscht bin, habe ich mich bis zum heutigen Tag geweigert, das alte Zettelchaos wiederherzustellen. Ich habe ein neues.
Und nun sollte ich einem Computer meine Hilflosigkeit mitteilen?
Man weiß doch inzwischen, was für patzige Antworten dieses Streberhirns einen erwarten. Ein unsympathischer Zeitgenosse!
Reagiert auf Druck, funktioniert, rechnet, aber nicht mit seinem Besitzer, wird nicht blöde, weil er verliebt ist, und reagiert höhnisch, wenn man Fehler macht. Ich habe auch keine Steckdose mehr frei. Außerdem ist da noch die Sache mit dem Virus. Einer von ihnen hieß »Michelangelo«. Ein Flop. Das besagt gar nichts, Mißerfolge spornen an. Vor allem aber die Vision, man könnte mit einem »Fafnir«, einem »Varus« oder einem »Caruso« die gesamte Information der ganzen Welt *löschen*.
Wir müßten wieder bei Null beginnen. Bei dem, was wir wissen.
Unsere Lebensversicherung wäre beim Teufel, die Banken würden sofort behaupten, ich sei im Minus gewesen, die Bundesbahn müßte ihren Betrieb einstellen, weil ihre Züge nicht mehr wissen, wann sie wohin fahren müssen. Die Flughäfen würden sofort sämtliche Flüge annullieren. Die

Renten könnten nicht mehr ausgezahlt werden. Die Löhne auch nicht. Geld wäre da, zentner- nein: tonnenweise, aber niemand wüßte mehr, wem es gehört.
Die Stunde der Bauern wäre wieder gekommen. Das Huhn legt ein Ei. Das Ei liegt vor. Es ist nicht bargeldlos, es ist ein Ei.
Einen wertlosen Kontoauszug kann man nicht kochen.
Ehemalige Millionäre müssen wieder nach vergessenen Kartoffeln graben. Die Kuh schaut ihn mitleidig an, den bettelnden Aufsichtsrat. Der Bauer grinst und sagt: »Man kann die Kuh nicht melken, die man geschlachtet hat.«
Denn es hat sich ausgebauert. Und wo sollte, selbst wenn er es wollte, der Bauer seine Saatkartoffeln hineinstecken?
In das dritte Untergeschoß eines Möbelcenters? In die aufgebohrte A 74? Jeder Zentimeter Grund und Boden ist vernutzt.
Der Preis dafür steigt, der Wert sinkt. Da kann mir mein Bundeskanzler noch so oft versichern, Grundwerte wären *nicht* die Mehrzahl des Wertes, den der Grund hat, auf dem wir wohnen. Der Wert seiner Versicherungen steigt nicht. Seiner Politik gegenüber fühle ich mich zunehmend unterversichert. Man schaut ihm zu, man hört ihn an, weiß, daß der Mann keine Lösung für unsere Probleme hat, ahnt aber nicht, daß diese Gewißheit der Grund für seine Erfolge ist.
Wir nehmen ihn hin wie das Ozonloch.
Beschwichtigungsspezialisten, Laumänner, Abwiegler, Wegredner, unterkühlte Aufsteiger, Zwecklügner, gelernte Einflüstertüten, Gerüchterastellis und Visionäre, die drei Überlebenseinheiten pro Vision kassieren, sind die Modellschneider unserer Zukunft.

Westen? Osten?
Westen ist Jacke wie Hose. Osten die Unterhose. Heimlich beschissen.
Wir wollten die Einheit. Herausgekommen ist dabei, daß wir uns einigen: Ihr habt die Wahl – wir haben recht.
Darauf einigen wir uns, und das ist die Einheit.
Und wir werden sie schaffen, koste es, was es bei uns von der Steuer abzuschreiben gilt.
Grämt euch nicht, ihr da im Osten. Macht euch keine Gedanken, wer das Gefälle zwischen eurem und unserem Lebensstandard bezahlt. Der RIW ist für euch da. Der Rentner im Westen.
Der Rentner als solcher nimmt ja nichts ein. Er nimmt nur etwas an. Er nimmt an, daß das Versprechen gilt, 50 Jahre zu arbeiten und dann im Alter das verleben zu können, was er nicht ausgezahlt bekommen, also eingezahlt hat. Gildet nicht!
Er gehört nämlich inzwischen zur Mehrheit. Minderheiten, die mächtig sind, melden ihre Ansprüche an. Mehrheiten, die abgemeldet sind, müssen sie mit den Mächtigen absprechen, und da muß man gute Anwälte haben, und die wissen ganz genau, daß ihre Anwaltskosten nicht von den Rentnern bezahlt werden.
Und nun sagt die regierende Minderheit plötzlich: »Wir haben euch Rentnern versprochen, die Rente immer dann zu erhöhen, wenn wir durch unsere Politik das Leben verteuert haben, damit ihr mitkommt. Bleibt, wo ihr seid. Wir versprechen euch, das Versprechen, das wir nicht halten können, irgendwann später einmal nicht zu brechen, wenn's hochkommt sogar zweimal, wenn ihr uns versprecht, uns zu wählen, damit wir das Versprechen, das gebrochen wurde,

nicht später einmal einer anderen Regierung als Rentner-Lüge vorwerfen müssen.«
Wer alt ist, ist selber schuld.
Der einzige in diesem Lande, der zu den alten Menschen aufschaut, ist Nobby Blüm. Die Wahrheit sagt er auch nicht, aber er lügt treuherziger. Spricht sogar zu den Betrogenen, gibt ihnen die Hand und, weil er Minister ist, wird sie genommen.
Folgendes Gespräch habe ich nicht gehört:
»Wie alt sind Sie denn?«
»Grombacher ist mein Name, Herr Minister.«
»Herr Grombacher! Wie schön, mit Ihnen zu sprechen.«
»Ich bin 83.«
»Das wollen wir aber noch lange bleiben, nicht wahr, Herr Grombacher?«
»So lange Sie wollen, Herr Minister.«
»Ist das nicht schön?«
»Wie Sie meinen, Herr Minister.«
»Gesund bleiben, das ist es, nicht wahr, Herr Grombacher?«
»Das ist richtig, Herr Minister. Das hoffe ich für Sie, daß Sie gesund bleiben.«
»Ja, und Sie, Herr Grombacher? Fehlt Ihnen etwas?«
»Rund ein Tausender im Monat.«
»Ja, da werden wir uns was überlegen müssen, Herr Grombacher.«
»Ich, Herr Minister, ich werde mir was überlegen müssen. Ihnen fehlt er ja nicht.«
»Ist das schön? Mein Gott, Herr Grombacher, wenn alle in diesem Lande so mitdenken würden!«
»Wir müssen uns auf das besinnen, was wir beide können, Herr Minister.«

»So ist es!«
»Ich kann sehen, wie ich mit den paar Kröten durchkomme, und Sie können mich am Arsch lecken.«
Jedes Gespräch, das weiterführen könnte in diesem Lande, muß man sich ausdenken.
In Wirklichkeit ist der Herr Grombacher, vermute ich, voller Hochachtung, daß der Herr Minister am Ende eines so langen Gesprächs immer noch seinen Namen wußte.
Mein Gott, war das eine Freude, als die »Grauen Panther« auf der Kampffläche erschienen! Als die streitbare Trude ihrem Namen Unruh alle Ehre machte, als die Kommunen zitterten, was sie denn nun wieder in drei Teufels Namen oder in ihrem, aber meistens im Namen der alten Menschen auf den Tisch des Herrn schmetterte.
Irgendein von ihr geschundener Politiker muß der Trude die Krallen geschliffen haben. Er hat ihr, glaube ich, eingeredet, diese wunderbare Widerstandsbewegung der alten Menschen zu einer politischen Partei zu machen. Die Panther zu Partnern. Das muß ein Schlaukopf gewesen sein!
Ach Trude, hör auf und fang wieder an!
Die Panther waren einmal eine außerparlamentarische Feuerwehr und sind jetzt das abgebrannte Haus.
Man soll auf Politiker nicht hören, sondern auf sie achten. Sie sind immer vorbereitet auf das, was sie anrichten werden. Auf das Schlimmste. Das verhindern sie dann und lassen sich feiern.
Die meisten Bundesverdienstkreuze sind darauf zurückzuführen. Wer nicht gut aufpaßt, dem steht es irgendwann einmal drohend ins Haus.
Ununterbrochen nimmt man etwas an. Man nimmt an, daß dieser merkwürdige Geruch, der durch das Land zieht, mit

den Korruptionsleichen zu tun hat, die so viele gebunkert haben, nimmt an, daß Beamte in Baudezernaten gewissensstark sind bis zum Umfallen, muß annehmen, daß das fabelhafte Talent des Organisierens, uns Deutschen zugesprochen, inzwischen zu einer durchorganisierten Kriminalität geführt hat, hat Grund zu der Annahme, daß Steuerhinterziehung nahezu legalisiert ist, ab einer gewissen Größenordnung selbstverständlich, nimmt an, daß die Vergewaltigung eigener Kinder in unserem »Vaterland« Tradition hat, gibt zu, daß die Annahme, hier könnte ein Zusammenhang mit Auschwitz bestehen, nicht von der Hand zu weisen ist, nimmt aber zuversichtlich an, daß das alles mit einem selber gar nichts zu tun hat. Und darum nimmt man auch, wenn es sich so ergibt, ein Bundesverdienstkreuz an.
Nimmt man es nicht, nimmt's ein anderer.
»Gott soll schützen!« sagen die Juden und meinen vielleicht damit die Aufgabe, die ihr Gott hat. Er soll, bitte schön.
Wir Christen meinen, wenn es uns gelungen ist, unseren Mitmenschen zu bescheißen, dann hätte Gott es so gewollt. Gott sei Dank.
Mit einem anständig teuren Kissen hat man auch ein besseres Gewissen. Dazu ein frommer Augenaufschlag. Gott mit dir. Lenk ihn nicht ab von mir.
Es singelt sich jeder so über die Minenfelder. Es boomt nicht mehr, es bröckelt im Gebälk.
Rühe, Seiters und Schäuble sollen ausgelost haben, wer es dem Kanzler sagt. Das Roß, auf dem er sitzt, schrumpft.
Der Tag wird kommen, an dem er Bodenberührung bekommt.
Und auch die Stunde, in der er merkt, daß man ihm die Wachstumskurven verkehrt herum aufgehängt hat.

Im Lande verbreitet sich ein säuerlicher Geruch. Könnte Angstschweiß sein. Engholm, Klose und Lafontaine sollen ausgelost haben, wer auf die Frage: »Nehmen Sie die Wahl an?« mit einem klaren Ja antworten muß.
Konzeptionsfindungskommissionen treten heimlich zusammen.
Der kleinste Bürger ist gefragt, darüber nachzudenken, ob er vielleicht eine hat. Gestern bin ich mit mir zusammengetreten, habe meine Zettel befragt. Es war nicht ergiebig.
»Jeder Mensch ist ein Markt. Er muß dankbar sein, wenn er verkauft wird.«
»Nicht so viel saufen!«
Es entstehen Rachegefühle, wenn man sich selbst solche Zettel schreibt. Irgendwann haue ich zurück. Ich werd's mir schon geben. Die *Bunte* brauche ich gar nicht und ihre feist angestellten Hilfswilligen. Hier ist mein Outing. Ich beschimpfe mich selbst, weil ich viel besser über mich informiert bin. Ich weiß Sachen über mich, da würde ich staunen, wenn ich es erführe. Ist das ein Konjunktiv? Na bitte!
Ein paar Sachen glaubt man, da läßt mich jeder Zweifel kalt, da weiß man eben, was man weiß.
Hans Albers war nie schwul – bitte, ich habe ihn noch kennengelernt, er hat nie um mich geworben! Und ich war jünger als er. Es gibt Sachen, die man weiß. Die meisten weiß man nicht. War Jesus eine Frau? Hat Reinhold Messner den Yeti gesehen, oder war es umgekehrt? Man weiß ja nicht einmal, wie hoch ein Berg ist, wenn man ihn bestiegen hat. Das erfährt man aus der Zeitung. Und wie blöde man ist, auch.
Wo ein Komma richtig sitzt, weiß auch nur mein Lektor.
Dem Rolf Cyriax glaube ich jedes Wort, das ich geschrieben

habe, wenn er meint, es sei zumindest nicht falsch. Sätze sind ja bereits Kompositionen. Punkt.
Daß der Himmel oben ist, beruht auch auf einer falschen Information. Ich schaue hinaus, aber was besagt das schon? Daß ich unten bin. Ausrufungszeichen. Oder Fragezeichen? Warum habe ich den Eindruck, daß Helmut Kohl die Gewißheit vermittelt, er sei oben?
Ist mein Eindruck falsch? Oder ist die Gewißheit falsch, die er vermittelt? Bin ich raufgekommen oder ist er heruntergekommen? Hat er Zweifel an sich oder zweifelt er an mir, seinem Nichtwähler? Was macht diese Leute so sicher? Traut so ein Mensch seinen Fähigkeiten? Oder mißtraut er unserer Fähigkeit, zu überblicken, was er nicht kann? Ich glaube, man muß sich täglich mehrere Male die unbequeme Frage stellen: »Was tätest du als Bundeskanzler, wenn dein Nachrichtenaussuchungsreferent dir nur noch mitteilt, was dir gefällt?« Ihn auswechseln natürlich.
Journalisten fragen das öfter, um einen zu verunsichern. Sie hoffen, daß man ins Stottern gerät, wissen selbst, daß die Frage töricht ist: »Was würden Sie denn anders machen?« Sie einem konkurrierenden Politiker zu stellen, hätte mehr Sinn. Altbundeskanzler Helmut Schmidt hat darauf in seiner bekannt liebenswürdigen Art geantwortet: »Alles.«
Nein, im Moment besteht keine Gefahr, daß ich Bundeskanzler werde. Das einzige, was ich zuversichtlich noch werden kann, ist älter.
Zeigt sich an den Zetteln um mich herum:
»Apotheke!« »Rezept nicht vergessen!« »Augenarzt gehen.« »Mittwoch 10 Uhr Gastroskopie.« »Urinprobe.«
Daß Urin einmal zu einem Reizwort der Nation werden könnte, hat auch niemand für möglich gehalten. Hat die

berühmte Sprinterin K. nun zu ihrer Mitläuferin gesagt: »Nachbarin, Euer Fläschchen«?
War, was sie hineintat, sauber, als sie es abschickte? Oder war das, was dann bei der Dopingkontrolle ankam, von einer Postbeamtin? Hat der Deutsche Leichtathletikverband mit seinem Freispruch ausdrücken wollen: »Wir lassen uns kurz vor den Olympischen Spielen keine deutsche Medaille verpinkeln?«
War der DLV dann aber doch erleichtert, als die Krabbe und ihre zwei Mitläuferinnen bei den Olympia-Ausscheidungen – dieses Wort weckt inzwischen auch negative Assoziationen – ausschieden? Bestand ihr Fehler darin, gedopt zu haben, oder war es die Art und Weise, sich so simpel erwischen zu lassen? Es könnte ja auch sein, daß man den drei Damen böse ist, weil sie nicht die neuesten Mittel genommen haben, die niemand nachweisen kann.
Das glaube ich nicht. Sportfunktionäre sind doch besorgt um die Gesundheit ihrer Athleten. Bei jedem einzelnen kennen sie seine Leistungsgrenze, und wenn er sie deutlich überschreitet, überspringt oder überradelt, nehmen sie ihn sofort aus dem Rennen.
Jeder kennt doch die Spätfolgen bei jahrelang gedopten Spitzenathleten. Ich lasse mir das Vertrauen in Sportfunktionäre nicht nehmen. Ach so, ja, ich meine natürlich immer die aus dem Westen. Unsere Sprinter sind seit vielen Jahren den anderen hinterhergelaufen. Aber sauber. Unterdopt. Mit der Vereinigung kam die Versuchung. Jetzt, haben wir gehofft, wird es aussein mit den unablässig hochgezogenen Fahnen der Deutschen Doping Republik bei den Spielen. Jetzt wird es unsere Fahne sein.
Aber sauber bleiben! Und den Ratschlägen der Sponsoren

folgen, die für ihr Geld verlangen können, daß gesiegt wird. Und wenn dann eine Kugelstoßerin ein paar Jahre lang die Stimme von Lee Marvin hat, das renkt sich wieder ein. Hauptsache, man hat zur richtigen Zeit ein sauberes Fläschchen.
Einmal kommt die Stunde der Wahrheit. Und dann heißt es lügen, lügen, lügen.
Wofür sind Talkshows sonst geeignet.
Schneller – höher – weiter ist die Devise.
Schneller verbrauchen die Athleten, höher rauf mit den Summen, weiter mit dem Unfug. Der Wahnsinn hat Rükkenwind.

Vorsicht, dem Kater keine Chance geben. Mir geht's doch gut. Ich habe keinen Sponsor, keinen Funktionär, keine Dopingkontrolle, keine Zeitung mischt sich in meine Hormonprobleme, sie meldet bestenfalls, daß ich älter aussehe als vor zehn Jahren. Das läßt sich erklären.
Auf der Schreibmaschine liegt seit Tagen der Aufmunterungszettel: »Anfangen mit Buch!«
Um ihn da nicht wegnehmen zu müssen, habe ich schon lange keinen Brief mehr beantwortet.
Über 30 verworfene erste Sätze. Muß ich überhaupt, soll ich, will ich? Wenn man einen Brain-Guard hätte, der einen täglich fünfmal vorwurfsvoll anschaut!
Wie machen das die termingeplagten Politiker, bei denen man immer den Verdacht hat, daß sie mehr Bücher schreiben als lesen? Kaum ist einer angetreten, abgetreten, hat irgend etwas losgetreten, oder ist in eine selbstgestellte Falle getappt, schon steht der Schnellschuß zwischen zwei Dekkeln im Schaufenster.

Der Inhalt überrascht meistens nicht sonderlich. Ob Apel, Dohnany, Fuchs oder Gorbatschow, dem Bertelsmann beim Superschnellschuß die Stoppuhr gehalten hat, sie suchen die Fehlerquellen an der Mündung.
Überraschend ist nur die Geschwindigkeit, mit der das alles auf den Markt purzelt.
In Windeseile haben vermutlich sämtliche Referenten und Sekretärinnen und -täre zusammengetragen, was der Verfasser wann, wo, zu wem gesagt, ausdrücklich vermieden, warnend hervorgehoben, durchaus eingeräumt, immerhin verhindert, dem Ganzen nutzend verzichtet und in kluger Selbsteinschätzung dann doch eingesehen hat. Dazu Reden, Vorträge, Zitate, Protokolle und Reiseberichte. Wenn der Zeitplan es dringend erfordert, müßte man dem eigentlichen Verursacher des Werkes gar nicht mitteilen, daß es fertig ist. Vorstellbar ist, daß der eines Tages zu seiner Frau sagt: »Liebling, ich lese gerade, daß ich ein Buch geschrieben habe.«
Wie schön, wenn ich einen Referenten hätte, einen Zettel-Assi, der mich in zäher Arbeit von ihnen befreit.
Aber was tue ich? Ich schreibe täglich neue.
Es drängen sich von Stunde zu Stunde neue Fragen auf, die sofort notiert werden müssen:
»Wann erklärt der Finanzminister, daß die sozial schwachen Mitbürger für zwei Jahre eingefroren werden müssen?«
»Wann drehen die Minister aller Länder die erste Nullrunde?«
»Wann bekommt Schalck-Golodkowski den Karl-Valentin-Orden?«
Wann muß man für das Erinnerungsvermögen Vermögenssteuer zahlen?

»Was ist schlimmer für einen ›anständigen‹ Deutschen: Ausländer anzünden oder Stasi-Kontakte?«
»Wann kommt das Waffenhändler-Outing?«
Was bleibt mir übrig? Zettel.
Aus Zetteln ein Buch.
Zweiter Versuch.

# MORGENLUFT

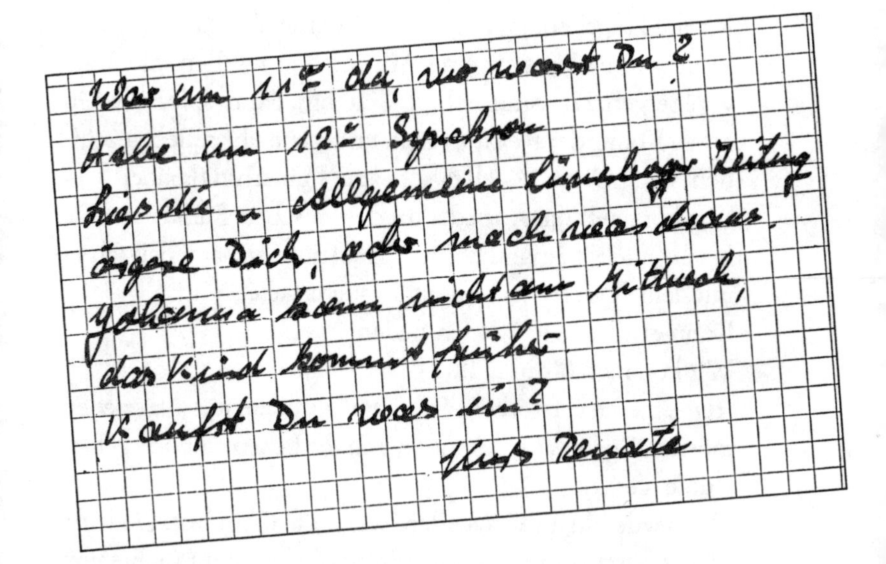

War um $11^{00}$ da, wo warst Du?
Habe um $12^{00}$ Synchron
Lies die „Allgemeine Lüneburger Zeitung"
ärgere Dich, oder mach was draus.
Johanna kann nicht am Mittwoch,
das Kind kommt früher
Kaufst Du was ein?
Kuss Renate

Renate hat den Zettel direkt hinter der Haustür plaziert, damit ich darüber stolpere.
Sie weiß, daß ich ihn sonst für einen mir selbst geschriebenen halte und ihn übersehe.
Diese Krücken des alleinerziehenden Individuums mit Weckzetteln, Ruf-an-Anstößen oder Vergiß-nicht-Signalen mit drei Ausrufungszeichen.
Ich lese das Zeug nicht mehr. Renate hat es richtig erkannt. Sie meint, ich wäre störrisch.
Stimmt. Sie ist oft mit mir Auto gefahren, weiß, daß es sinnlos ist, mich in meiner Fahrtrichtung zu beirren.

Wenn sie merkt, daß ich nach Norden fahre, obwohl ich in den Süden will, wartet sie, bis ich am falschen Ort bin, und fragt dann sanft, ob ich bereit sei, an das Umkehren zu denken. Sie wird dann allerdings verstockt, wenn ich versuche, ihr zu erklären, daß der Norden der Süden ist.
Ich muß zugeben, ja, ich versuche es hie und da.
In diesem Fall hat sie eine Art, mich anzusehen, die mich vorübergehend verunsichert. Ich bin dann sofort bereit, einen Kompromiß einzugehen, und fahre, ihr zuliebe natürlich, nach Osten. Auch falsch, aber immerhin flexibel.
Wir kommen dann wieder an den falschen Punkt, und sie macht mich, beinahe heiter, darauf aufmerksam, daß ich es mit dem Westen noch nicht versucht habe.
Dann erst fahre ich in den Süden.
Wir kommen oft zu spät.
Irene, meine verstorbene Frau, hat ähnliches mit mir erleben müssen. Sie hat, als sie ahnte, daß ihr Leben zu Ende gehen würde, gesagt:
»Was wirst du alles anstellen, wenn du allein bist. Du wirst nichts essen, und wenn, das falsche, du kaufst dir nichts zum Anziehen, verwechselst die Termine, und du wirst auch keine mehr haben, wenn du nie den Hörer abhebst. Bitte, versuche wenigstens dorthin zu fahren, wo du hin mußt. Und zwei Laster mußt du einschränken: das Rechthaben und das Trinken.«
Ich versuche es. Vor allem das letztere. Aber die vielen betrunkenen Freunde! Wird man eingeladen, steht der Gastgeber schon mit dem Glas an der Haustür! Geht man nicht betrunken aus dem Haus, war es ein mißlungener Abend. Die Redaktion, mit der man sich bespricht, hat erst einmal eine Flasche und mit ihrer Hilfe dann vielleicht eine Idee.

Doping. Ich selbst trinke doch nur, wenn ich dazu gezwungen werde. Nein? Nein. Ich gehöre zu »den anderen«, habe ich recht? Na bitte schön, wenigstens habe ich recht. Und immer Ausreden.

Habe ich schlechte Kritiken, muß ich sie zugießen. Habe ich gute, bin ich gezwungen, vor Freude zu trinken. Geht's mir schlecht, hoffe ich, daß es mir danach besser geht. Geht's mir gut, habe ich Lust dazu. Und wenn ich der festen Meinung bin, die Welt ginge bald unter, ist ohnehin alles egal.

Nun schaut Renate meinem Treiben zu. Ich war überrascht, als sie sagte, wir sollten es mal miteinander versuchen.

Es hat mich aufgebaut. Und dann habe ich eine Flasche Wein aufgemacht!

Also das Ganze von vorn. Standesamt. Aufgebot. Die Beamtin sprach uns, der Würde des Augenblicks durchaus gewachsen, »als hier erschienene Verlobte« an. Tapfer haben Renate und ich den nötigen Ernst bewahrt.

Dann begannen die Kampfhandlungen.

Als wir frohgemut unsere Dokumente vorlegten, legte sich die Stirne der Aufgebotsvollzugsberechtigten in vorwurfsvolle Falten. Wir hatten uns nicht hinreichend legitimiert.

Es war uns vorher schon aufgefallen, wie viele verschüchterte junge Paare auf den Bänken herumsaßen.

Dieser Staat versucht, Eheschließungen zu erschweren. Das kann nur an einer tradierten Grundhaltung dem Bürger gegenüber liegen. Es ist mir schon bei Steuerbeamten aufgefallen, daß man zunächst einmal als potentieller Hinterzieher behandelt wird. Als pränataler Krimineller, dem man mit Nachdruck vermitteln muß, daß er sich zu bessern habe.

Das erzeugt Gegendruck. Der Bürger fühlt sich als Vorbestrafter mit Bewährung und klopft dem auf die Schulter, dem

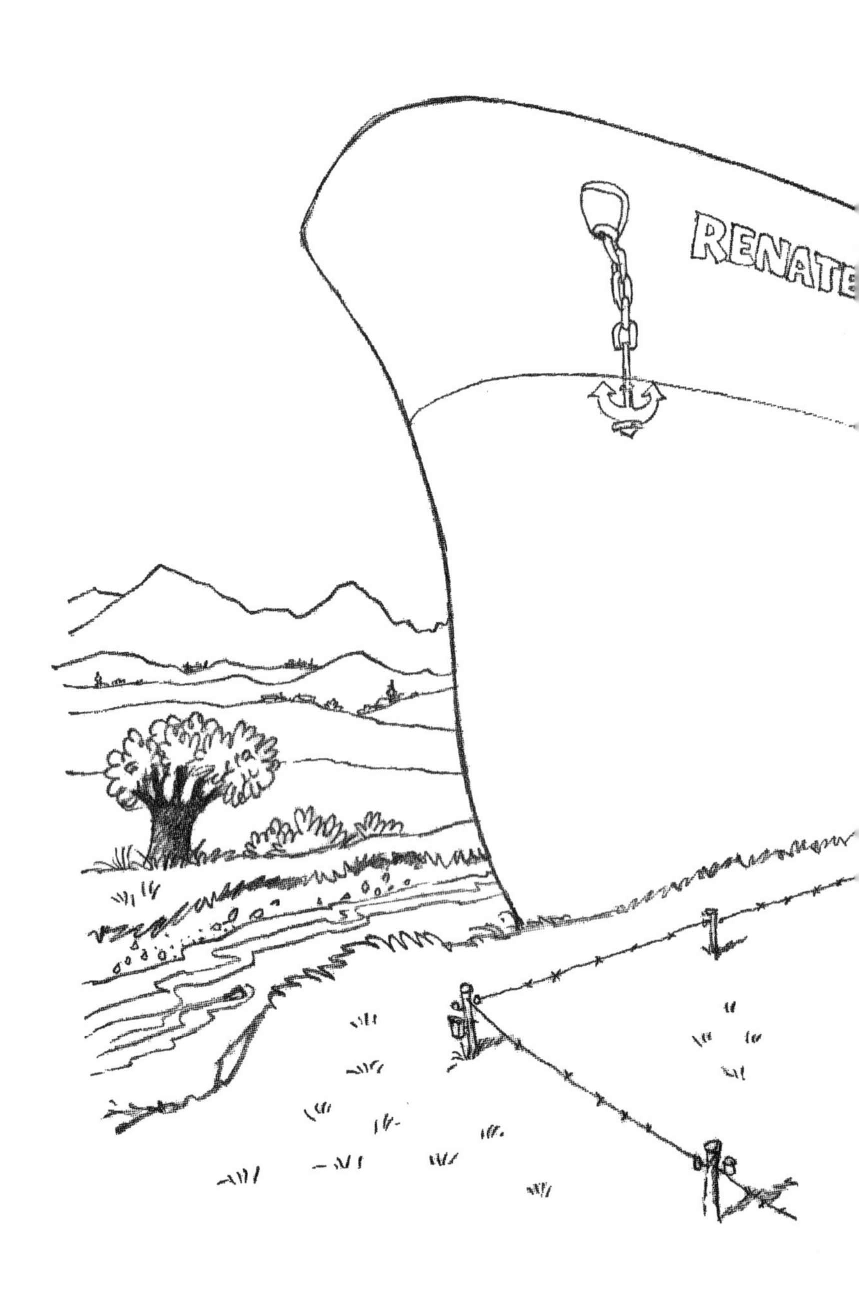
RENATE

DAS IST GANZ SICHER DER RICHTIGE WEG NACH SCHLIERSEE, RENATE!

es gelungen ist, diesem Staat die Mittel zu kürzen, mit denen er sinnlose Investitionen betreibt. Und das wird langsam zum Sport.
Das Standesamt, eine hochamtliche Institution des Staates – Trauungen werden wie ein Hochamt zelebriert –, glaubt zunächst einmal nicht, daß der Mensch, der vor es hintritt, der ist, der er vorgibt zu sein. Der Verdacht, es könnte ein anderer sein, peinigt die Beamten. Bei den Verhören haben sie sich einen hochoffiziellen Niedermacherton zugelegt, der augenblicks dem Antragsteller Schuldgefühle einjagt.
Als die Beamtin monierte, der zweite Vorname des Vaters von Renate, des Vaters, der ihr ohnehin in den Nachkriegswirren abhanden gekommen war, schiene im vorliegenden Dokument nicht auf und man solle doch in Danzig Erhebungen anstellen, desgleichen solle ich in Bunzlau, heute Polen, um meine Geburtsurkunde nachsuchen, und alles in allem sei unsere Identität nicht ausreichend bestätigt, und ich müßte zudem noch eine Ehebeendigungsbescheinigung nachreichen, sowie Beglaubigungen der Abschriften des Originals, oder das Original, das wiederum beglaubigt werden muß, wovon man dann eine Abschrift mit der Bescheinigung, daß es mit dem Original übereinstimmt ... oder so ähnlich, ich übertreibe sicherlich ... und da haben wir uns, zugegeben, etwas schlecht benommen.
Gewiß, die Beamtin hat nur ihre Pflicht getan.
Aber was ist das für eine Pflicht? Das Ausstellen von Dokumenten ist natürlich kostenpflichtig.
Vorübergehend tauchte der Verdacht auf, es könnte hinter diesen Vorgängen nicht das Mißtrauen lauern, sondern nur eine Kasse. Nein nein, es ist nicht die Kasse, es ist das Prinzip. Und das läßt er sich bezahlen, der Staat.

Mit Renate kann man so etwas leicht durchstehen, weil sie nicht zuerst lacht und dann zornig wird, sondern umgekehrt. Sie ist ein Kriegskind, sie ist wehrhaft.
Wäre man die Butter auf ihrem Brot, man würde in Sicherheit sein.
Von irgendwem hat sie nun diesen Artikel über mich zugeschickt bekommen und ärgert sich.
Der Artikel der Heidezeitung umfaßt ganze 20 Zeilen und enthält sechs Falschmeldungen.
»Dieter Hildebrandt ist ein echter Berliner...«
Falsch. Ich bin Schlesier.
»Er erblickte 1927 in Bunzlau (heute Tschechoslowakei) das Licht der Welt und wurde in Berlin bekannt...«
Bunzlau ist richtig, sogar das Geburtsjahr, alle Achtung, aber unrichtig ist, daß Bunzlau heute in der Tschechoslowakei liegt. Es liegt nachweislich in Polen. Ganz falsch ist aber, daß ich in Berlin bekannt wurde.
»Dort nämlich war er einer der Mitbegründer der Lach- und Schießgesellschaft...«
Es wäre uns nie eingefallen, die »Münchner Lach- und Schießgesellschaft« in Berlin zu gründen.
Nun aber plötzlich dieses: »Noch heute arbeitet er in der berühmten Kabarettistengruppe ›Die Stachelschweine‹...«
Das müßte ich wissen.
Renate meint, schlimm wäre gar nicht, daß die Menschen in der Lüneburger Heide so schlecht informiert werden würden, denn das könnte ja niemandem direkt schaden, schlimm wäre nur der Verdacht, daß der Verfasser dieser Meldung auch die Kritiken für sein Blatt schreibt. Sie hat recht, manche Kritiken erhärten diesen Verdacht.
Gut, Renate, ich höre auf zu lachen und ärgere mich.

# DENKZETTEL '92

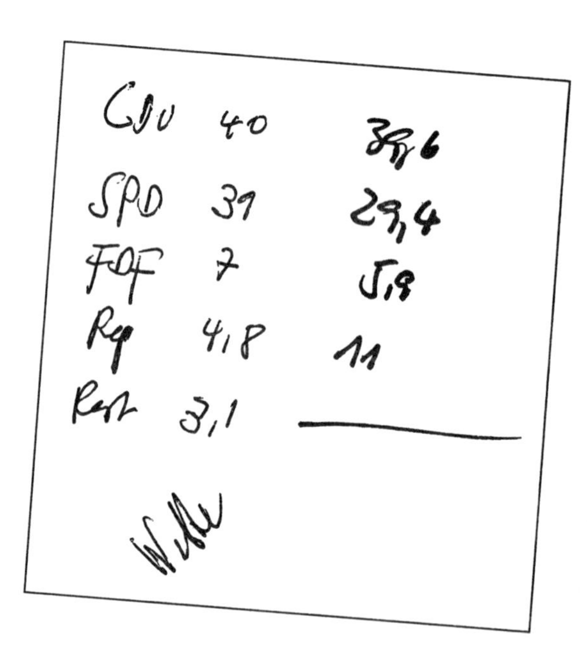


Meine Wette für die Landtagswahlen in Baden-Württemberg am 5. April. Es gibt noch ein paar Kollegen, die untereinander Wahlwetten abschließen. Aber es sind nicht mehr viele, die an Wahlsonntagen zu Hause bleiben, sich gegenseitig einladen, gemeinsam auf die ersten Hochrechnungen warten, diskutieren, sich freuen oder ärgern. Die Parteien bleiben unter sich. Die Hoffnung sinkt, es könnten ein paar Parteinasen wittern, daß Demokratie ohne Leidenschaft, Glanz und Rhetorik, ohne den Einsatz von Witz, List und

Polemik, die diesen Namen verdient, zur Umverpackung ohne Inhalt wird.
Die Einschaltquoten für Wahlsondersendungen sinken. Die Stars ziehen nicht mehr. Vielleicht sind sie keine.
Zur »Bonner Runde« werden schon die Generalsekretäre geschickt, die Vorsitzenden erscheinen nicht mehr.
Die Sekretäre benutzen die alten Sätze ihrer Chefs:
»Wir haben immerhin das beste Ergebnis seit...«
»Aber Sie haben doch glatte 7 Prozent verloren.«
»Stimmt. Aber wir hatten mit 9 Prozent Verlust gerechnet. Also haben wir 2 Prozent gewonnen.«

»Sie haben heute eine empfindliche Niederlage einstecken müssen, wie erklären Sie sich das?«
»Nun, zunächst einmal möchte ich allen unseren Wählern für das Vertrauen danken...«

»Haben Sie den Verdacht, daß die Bürger der parlamentarischen Demokratie überdrüssig geworden sind?«
»Das weise ich zurück.«
»Was werden Sie nun tun?«
»Wir werden in den nächsten Tagen gründlich zu analysieren haben, was dieses Ergebnis innerglobal bedeutet, und ich gehe davon aus, daß es möglich sein wird, einen Konsens zu erarbeiten, der es meiner Partei ermöglicht, völlige Übereinstimmung zu erzielen.«

»Sie haben Ihr gestecktes Ziel um Längen verfehlt...«
»Ich glaube, es ist noch zu früh...«

Stimmt nicht. Es ist zu spät.

Es ist alles zu spät. Der Wahlsonntag ist vorüber. Die Schlagzeilen überschlagen sich:
»Ruck!«, »Sturz!«, »Rutsch!«, »Katastrophe!«
Die Leitartikler wickeln die Demokratie ab, denn die Reps haben sich mit 11 Prozent zurückgemeldet. Ihr Wahlprogramm lautet: »Ausländer raus!«
Die christlichen Parteien machen sich den Vorwurf, das nicht auch so deutlich gesagt zu haben. Der CSU-Staatssekretär Riedl muß sich den nicht machen. Er hatte in aller Öffentlichkeit seiner Hoffnung Ausdruck gegeben, eines Tages Südbayern »ausländerfrei« melden zu können. Oder hat er »judenfrei« gesagt? Es gibt Existenzen in den Parteien, die das Glück haben, nach oben gestoßen zu werden. Bei manchen hat man den Eindruck, sie könnten woanders gebraucht werden, bei R. nicht einmal das. Wo immer er auftaucht, muß sofort die Schadensbegrenzungskommission seiner Partei eingreifen. Die hat es schwer, ihre Empfehlungen an die Verursacher durchzusetzen: Wäge immer ab zwischen wissen, denken und sagen. Wenn du weißt, was du denkst, dann darfst du es nicht sagen, wenn du es dennoch sagst, dann denkst du nur, du weißt was.
Sind sie wirklich noch immer ahnungslos? Denken sie, wir wüßten nicht, daß das Wählerpotential der Reps und der anderen Nationalfetischisten heute bereits bei 20 Prozent liegt? Und daß das gar nicht nur mit Arbeitslosigkeit, sondern mit Besinnungslosigkeit zu tun hat? Ist es nicht bedrohlich, wenn man sich schon den Heiner Geißler zurückwünscht, der immer eine Lippe riskiert hat, aber das war wenigstens ein Risiko von 50 Prozent.
Leicht verschämt, etwas versteckt noch, aber unverkennbar, bereiten sich Politiker der konservativen Parteien darauf

vor, ihren Widerwillen gegen ein Gespräch mit den Plebspriestern der Deutschstolzen durch eine flexible Haltung zu ersetzen, beziehungsweise durch die Ankündigung, unter Umständen beides aufgeben zu können: Widerwillen und Haltung.
Nur im Notfall natürlich, denn der ist ja bereits gegeben, man kann nicht mehr so regieren wie bisher, aber wenn nicht, ist er herstellbar. Außerdem gibt es immer noch Wahnsinnige, die ein Attentat zur richtigen Zeit liefern. Unter dem Tisch der Oggersheimer Immobilienverwaltung lummern schon die Demokratieverweser herum.
Schon nach der nächsten Wahl könnte man nicht mehr Herr auf seinem eigenen Topf sein. Die Zeiten sind vorbei, sogar in Bayern, in denen man einen Esel im Wahlkreis aufstellen konnte, und er wurde gewählt.
Es könnte dahin kommen, daß man in Zukunft zwei braucht. Langsam ist man schon beruhigt, wenn die Christdemokraten weniger als 5 Prozent verlieren. Ich fange an, ihren Daumen zu halten!
Sollte ich lassen, denn sie brauchen sämtliche Finger, um sich damit an die eigene Nase zu fassen.
Sie haben nur Eintrittskarten für den Wohlstand verkauft, aber sich nicht darum gekümmert, welches Stück gespielt wird.
Wenn sich die Sozialdemokraten wenigstens kümmern würden. Hie und da bitten sie artig, mitspielen zu dürfen. Aber wenn der große Zampano ruft: »Ruhe im Souffleurkasten!«, packen sie ihr Buch wieder ein.
Die Komödie zieht sich.
Der Text ist immer gleich.
Wo es hingehen soll, erfährt man nicht, ein Programmheft

gibt es nicht, höchstens Zettel, die sich im Text gegenseitig widersprechen. Auf der Bühne Hilflosigkeit, im Parkett Ratlosigkeit. Vorhang. Nächster Akt. Das Ganze hochsubventioniert und mit dem einschüchternden Etikett »Staatstheater«.
Freunde der permanenten Sommerloch-Bühne! Das Stück wird nicht besser, wenn ihr meint, alles hinge davon ab, auf die Zusammensetzung des Publikums zu achten, niemanden mehr hereinzulassen, der nicht hineingehört.
Das, was ihr spielt, wird nicht besser dadurch, daß ihr die Hausordnung ändert.
Je voller der Brustton der Überzeugung klingt, ihr machtet das alles schon richtig, um so leerer wird das Theater werden.
Vor allem aber: Wir bezahlen eure Gagen, eure Dienstautos, Dienstwohnungen, Staatsempfänge, Auslandsreisen, Fischessen, Bürgerbeschwichtigungsfeste und Bodyguards. Sogar die Bemühungen, uns zu überreden, euch wieder auf die Bühne zu schicken.
Das hat etwas Groteskes. Nein? Doch das hat es, denn es handelt sich ja dabei um Werbung. Um Kundenwerbung. Kundenfang. Und ihr laßt uns die Fangkosten bezahlen. Der Fisch subventioniert den Fischer.

Wir alle bezahlen ihn. Sch. hat seinen Kopf wieder aus dem großen Asyltopf gereckt. Bis zu seinem Lebensende vom

Bayerischen Rundfunk hervorragend versorgt – man spricht von 10 000 Mark monatlich –, zieht er über die Lande, verbreitet gefährlichen Unsinn, hält diese Demokratie für höchst abschaffungswürdig, distanziert sich natürlich von Hitler, das muß er, Hitler müßte es nicht, und kassiert für den Haufen, den er uns hingesetzt hat, das heißt für seine Bemühungen, ihn zu vergrößern, von uns ein paar Millionen Mark.

Gab es da nicht einmal einen Radikalenerlaß?

Sind da nicht heute noch Fälle abzuschließen, die Lokomotivführer betrafen, welche irgendein falsches Parteibuch besaßen? Und wer, bitteschön, erklärt mir, warum es möglich ist, daß diese Wiedergeburt des Hofpredigers Stoecker, dieser Freyschärler aus München, immer noch seine Pamphlete für Geld verkaufen darf?

Auf jeder Seite seiner »Nationalzeitung« steht etwas, was die Staatsanwälte augenblicks vom Frühstückstisch aufjagen müßte. Dieses Blatt wird ja nicht unter dem Ladentisch verkauft, im Gegenteil, es hängt an den Kiosken immer weiter vorn. Und der Antisemitismus tropft aus jeder Zeile. Was fehlt eigentlich noch, um den Verdacht, es könnte sich hier um akute Volksverhetzung handeln, wenigstens zu »prüfen«? Oder steht das nur im Grundgesetz, damit es da steht? Bisher war man wohl der Meinung, dieses deutsche Volk sei immun geworden gegen Versuche, den Massenmördern des Dritten Reiches ein nachträgliches Staatsbegräbnis zu verschaffen, die erschossenen, zu Tode geprügelten, vergasten Opfer zu Fälschungen zu erklären, Hitler zum guten Menschen vom Obersalzberg zu schminken (der nie gesagt hat, daß er seinen Hund mehr liebt als sein Volk), die Konzentrationslager zu Reha-Kliniken umzulügen.

Es gehört schon eine Portion Unbedenklichkeit dazu, nicht zu erkennen, daß hier eine zunehmende Immunschwäche vorliegt in unserem Volk. Dazu die Aufforderung, stolz auf die Tatsache zu sein, daß ein Deutscher ein Deutscher ist. Kann nur dazu führen, daß ein junger Mensch sich nicht mehr bemüht, klüger zu werden, sondern das Lesen mit der Bemerkung ablehnt: »Wissen ist Macht? Macht nichts, ich bin Deutscher.«

Auf die Frage eines Fernsehreporters, an wen er, der Skinhead, gedacht hätte, als er sagte, man müsse auch mal an die großen deutschen Dichter denken und nicht nur an diese blöde, angebliche Vergangenheit, meinte er: »Bert Brecht.« Ja natürlich, denn das Interview fand in Hoyerswerda statt. Der verunsicherte Junge war in einer Schule der DDR aufgewachsen. Sein Deutschunterricht sah keine anderen deutschen Dichter vor als die, die Hitler entkommen waren.

Er hatte auf eine Weise recht, die ihn lächerlich machte, wofür er aber nichts konnte. Er ist auf eine tieftraurige Art heimatlos. Er verachtet die ehemalige Deutsche Demokratische Republik, mißtraut der ehemaligen Bundesrepublik, hält das neue Deutschland für einen Schwindel und will ein ganz neues. Und das, hat man ihm gesagt, muß nur ausländerfrei sein, dann klappt alles andere auch.

Er weiß nicht, daß Bert Brecht einmal gesagt hat:

»Der Schoß ist fruchtbar noch,
aus dem das kroch.«

Wenn wir nicht aufpassen, verpassen wir den Tag der Entbindung.

# GAUCKING

Gaucking? Eine andere Art von Outing durch Einsicht in Stasiakten zur Verhinderung von Vergangenheitsverdrängung-Ost.
Eine tollkühne Aktion, die »Verwobenheiten« (Originalton West) mit dem ehemaligen Staatsapparat der DDR jedem, der es wissen will, in Erinnerung rufen soll. Die Verletzungsgefahr ist dabei sehr groß. Opfer können Freunde und Verwandte verlieren, Täter sich selbst. Täter versuchen vielleicht, Opfer um Vergebung zu bitten. Opfer stehen vor Entscheidungen, die sie überfordern. Täter können gleichzeitig Opfer gewesen sein, Opfer denken verzweifelt darüber nach, ob sie jetzt nicht zu Tätern werden, wenn sie die Existenz dessen, der sie jahrelang ausgeschnüffelt hat, ruinieren.
Einerseits, aber auch andererseits stellt die Arbeit der Gauck-Behörde ein geschichtliches Dokument dar. Es wird klar, daß es noch nie ein ähnlich perfektes System für die Selbstüberwachung eines Volkes gegeben hat. Daß eines Tages ein Stasi-Terminbetreuungsspezialist vor der Haustür stand und dem Bewohner mit sanftem Vorwurf mitteilte, daß dieser, wenn er nicht gleich aufbräche, das Treffen mit Inge versäumen würde, von dem er, der Kümmerer, über Wolfgang wisse, der hin und wieder mit ihr schläft, gehörte das noch zu den milderen Brutalitäten. Die Vollkommenheit des Systems bestand ja darin, daß keiner mehr an der Haustür

klingeln mußte, sondern die Berichte von Inge über Wolfgang, Wolfgang über Inge, von Wolfgang und Inge über Peter und von Peter über Wolfgang und Inge lesen konnte, dabei die politische Grundhaltung der Schwiegermütter und Mütter erfuhr und auch die Meinung, die sie über den Onkel Meissler aus Wattenscheid hatten, der 1971 die Republik verließ, dessen Neffe wegen Wehrdienstverweigerung in Bautzen einsitzt, mit hoher Wahrscheinlichkeit homosexuell ist und die Jugendweihe abgelehnt hat.
Nie hat eine geheime Staatspolizei tiefer in den Eingeweiden eines Volkskörpers gesteckt, nie genauer gewußt, wie dieser von Jahr zu Jahr mehr den Kopf auswechseln wollte. Aber als sie dringender und dringender mitteilte, daß der Kopf lockerer und lockerer sitzt, hat der dieser hochbezahlten, teuer gepflegten Ausforschungsmaschinerie weniger und weniger geglaubt. Im entscheidenden Augenblick hat diese Regierung darauf bestanden, daß sie geliebt wird!
Die ganze Mühe war umsonst.
Was mich betrifft, so hatte ich bis dahin den Eindruck, man habe es hier mit ausgefuchsten, hochkonditionierten und höchst gefährlichen Gegnern zu tun, denen man vorsätzlich kriminelles Handeln nicht würde nachweisen können. Ihre Kontakte mit Brandt, Schmidt, Kohl und Strauß, vor allem deren szenische Ausgestaltung mit Pomp, Spalieren, Gastmählern und Geschenken, haben dazu verleitet, sie ernst zu nehmen.
Nie im Leben habe ich damit gerechnet, daß wir es mit hochgelobten Pappkameraden zu tun hatten, die offensichtlich heute noch nicht glauben, daß Potemkin kein Genosse war. Nicht in meinen verwegensten Träumen habe ich daran geglaubt, daß diese Grenze, diese Mauer in Berlin in den

nächsten 80 Jahren einmal fallen würden. Und nun stellt sich heraus, daß die Kosten für diese Grenze genauso immens waren, wie wir uns das ausgerechnet haben. Es blieb nichts übrig, um das Volk anständig leben zu lassen. Die Herren Honecker, Mielke, Mittag und andere Genossen haben ungeheure Mittel aufgewendet, um das zu verteidigen, was gar nicht vorhanden war.

Die Zahl derer, die genau gewußt haben, daß das mehr über kurz als über lang zu Ende gehen würde, nimmt zu.

»Ich habe 1987 schon gesagt: länger als zwei Jahre machen die nicht mehr.«

»War doch klar, als Gorbi sagte, daß jede Geschichte zu spät kommt, wenn man's nicht merkt, war's aus mit dem Honecker.«

»Ich hab' gewußt, die machen das am 9. November!«

Der Bundeskanzler soll bereits am 8. November das öffentliche Absingen der Nationalhymne geübt haben.

Mir, muß ich sagen, steht der Mund heute noch ein bißchen offen. Meine Verwandten in Thüringen, meine Kollegen und Freunde in Leipzig, Magdeburg oder Berlin ordnen noch heute ihre Eindrücke aus dieser Nacht.

Menschen, die schneller geschaltet haben, waren zwei Tage später schon in Dresden und haben Zeitungsverlage aufgekauft. Vermutlich setzte auch sofort die Vorbereitung des Wahlkampfes ein.

Die Minensucher an den Grenzen hatten noch nicht einmal angefangen zu buddeln, da gab es schon die ersten Grenzstreifenstreitigkeiten. Die ersten Grundwertekommissionen großer Firmen jagten nach Ost-Berlin, um herauszufinden, was der Grund wert ist, auf dem man bauen wird. Man wird damit rechnen müssen, daß noch ein paar Millionen Men-

schen weiter wohnen möchten in diesem Land. Man wird Plätze dafür finden. Das Wort Eigentum hat Hochkonjunktur.
Die Alteigentümer sind auf Reisen. Hat der Großvater, inzwischen verstorben als reicher Erblasser und ruhend in der Nähe von Bad Kohlgrub, wobei ich immer noch über das Wort Erblasser stolpere, weil ich glaube, es könnte mit erblassen zu tun haben, hat er nicht in den späten 30er Jahren ein Papiergeschäft in Treuenbrietzen gekauft? Die grau gewordenen Enkel halten Kriegsrat. Fünf Edelkarossen rutschen nach Treuenbrietzen, erkunden die Besitzlage. Es riecht nach Beute.
1938 hat Opa das Geschäft samt Haus erworben!
Nach Kriegsende wohnte darin ein gewisser Kurt Kniebaum, der mit Mühe und Not das Lager in Oranienburg überlebt hatte und dann der stalinistischen Säuberungswelle zum Opfer fiel. Die Nachbarn wissen noch, daß daraufhin ein Freund von Kniebaum eingezogen ist, der immer wieder beteuerte, er hätte Kniebaum nicht ans Messer geliefert. Ein paar Jahre nach Stalins Tod soll er dann in den Westen gegangen sein. Neben den Karossen von Opas Erben steht eines Tages noch eine weitere.
Im Grundbuch von Treuenbrietzen steht auch der Name des Hausbesitzers vor 1938: Simry Goldmann.
Seine Enkel scheuen den Weg.
Hinter den Vorhängen starren die jetzigen Bewohner auf die Besitzer.
Die Namen sind frei erfunden, die Stadt ist willkürlich gewählt, der Verfasser lehnt jeden Wahrheitsbeweis ab. Wahr daran ist, daß es täglich geschieht.
Vermutlich nicht alltäglich ist jene Geschichte, die ich 1990

erlebte. Renate und ich hatten beschlossen, Berlin wiederzuentdecken. Ein Dampfer der »Weißen Flotte« fuhr uns fünf Stunden lang durch den Osten der Stadt. Wer es glauben mag oder nicht, Berlin ist eine Lagunenstadt. Treptow, Köpenick, Kleiner Müggelsee, Großer Müggelsee, Seddiner See und Kanäle, Kanäle kilometerlang.

Links und rechts davon schmucke Gartenhäuschen, vorübergehend Datschen genannt, dazwischen auch kleine Steinhäuser, gut gepflegt, ohne Pomp, aber mit Phantasie. Ruderboote, kleine Segelboote, Liegestühle. Nanu? Gab es ein Leben vor dem 9. November '89 in der DDR?

Unsere erste Vermutung: Canal Grande di Bonzo.

Hat man hier den Honecker immer rauf und runter gefahren, wenn er an Selbstzweifeln litt?

Unsere Nachbarin, die neben uns an der Reling stand, hatte das mitgehört. Das sei keineswegs der Fall, meinte sie. Ganz normale Menschen, die ein garantiertes Wohnrecht für 90 Jahre hatten. Hatten, sagte sie, sie werden es nun wohl nicht mehr haben. Sie zeigte auf ein Haus, das wir gerade passierten: »Hier bin ich aufgewachsen. Hier hab' ich gelebt, bis ich 20 Jahre alt war, dann gingen wir nach West-Berlin.«

Wir fragten sie, ob es sich dabei um ihr Eigentum handle.

»Ja«, meinte sie, »ich war vor zwei Wochen bei den jetzigen Bewohnern.«

»Um es wiederzubekommen?«

»Nein, um ihnen zu sagen, daß sie keine Angst haben müssen. Ich habe ein Haus, es genügt mir.«

Renate und ich werden, wenn es verlangt wird, schwören, daß dieses Gespräch genau so stattgefunden hat.

Nicht alle haben ein Haus, richtig. Aber wenn die, die eins oder zwei haben, so ähnlich ...? Ich sag ja nur.

Mit dem Vorwurf müssen wir nun einmal leben, daß wir unser Herz auf unser Konto überwiesen haben.
Etwas melodramatisch, was uns da unterstellt wird, aber nicht so falsch, wenn man sich darüber Gedanken macht, woher wohl das Wort »abwickeln« gekommen ist.
Im landläufigen Sinne bedeutet das ja wohl, etwas zu erledigen. Genau das ist gemeint. Sollte noch irgend etwas übriggeblieben sein von dem Ergebnis 40jähriger Arbeit in der DDR, gehen Sie zur Treuhand, fragen Sie, Sie werden die Antwort bekommen: »Es hat sich erledigt.«
Spätestens nach zwei Jahren ist die Beute verteilt.
Die Wiedervereinigung wird abgewickelt.
Das Wort »wieder« wird allerdings offiziell weggelassen. Warum? Wir waren doch einmal vereinigt vor langer Zeit. Soll unsere gemeinsame Vergangenheit auch abgewickelt werden?
Auf meinem Zettelspieß habe ich ganz unten eine Notiz aus dem Jahre 1972 entdeckt. Hingekritzelt in einem Nachtlokal während einer Tournee durch Israel. Ein Journalist in Tel Aviv hatte mich gefragt, ob ich ihm in möglichst kurzer Form mitteilen könnte, wie weit sich ostdeutsche und westdeutsche Menschen auseinandergelebt hätten.

Gastronomie-Pächter:
H.-Ulrich Westa
Ursulastr. 9, 8000 München 40
Tel. 0 89 / 39 53 57 od. 39 19 97

**RECHNUNG**

| BRD | | DDR | |
|---|---|---|---|
| DJ | BMW | DJ | DSF |
| AJ | ADAC | AJ | ND |
| WE | EKG | WE | |
| LH | | LH | |
| RAD | | RAD | |
| WM | | WM | |
| PW | | PW | |
| ABI | | FDJ | |
| UNI | | GST | |
| DGB | | SED | |

In dem Rechnungsbetrag
ist die gesetzliche Mehrwertsteuer enthalten.

Für mich selbst habe ich noch die zwei Lebensläufe der Söhne notiert:

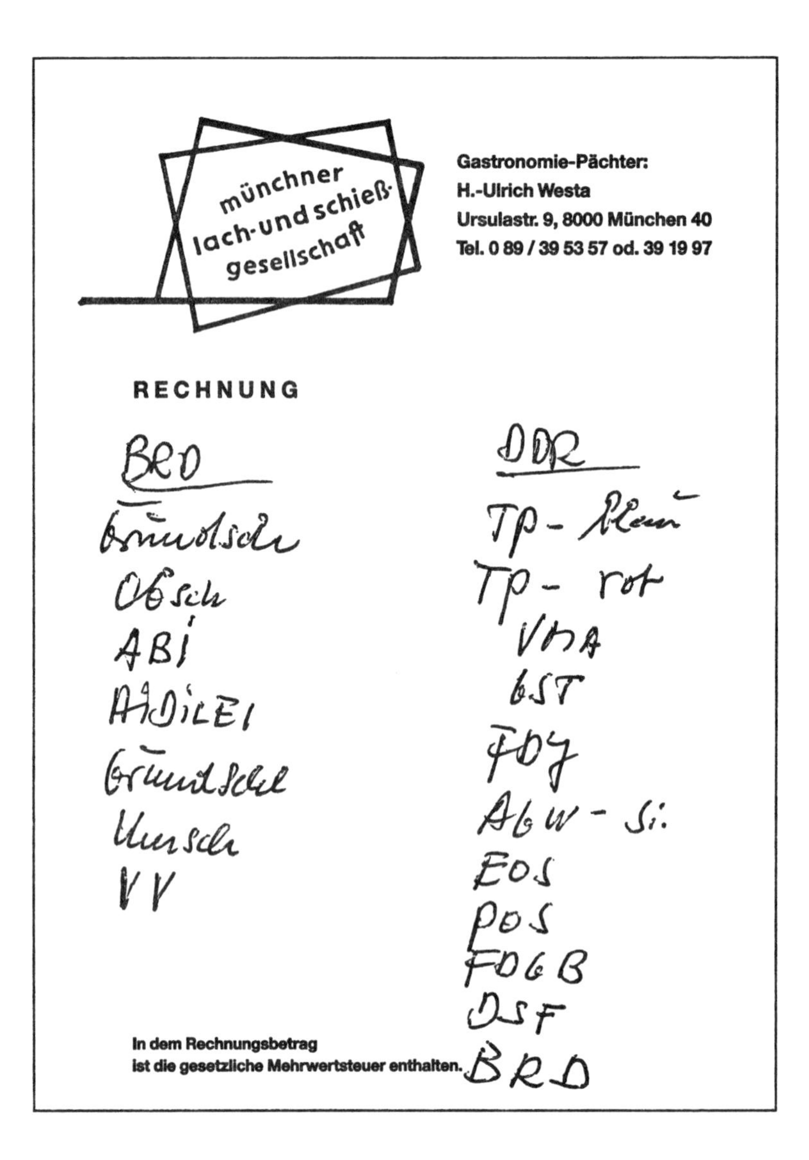

Die Alten gingen ein ganz schönes Stück des Weges miteinander. Geläufige Stationen, jedem Lebensteilnehmer vertraut. Abweichungen konnte es nur geben, wenn es sich um Körperbehinderte, Juden, Sozialdemokraten, hartnäckige Christen, Kommunisten, unbelehrbare Priester, Sinti oder Roma, Verbreiter von verbotenen Witzen, Philosophen auf dem »falschen« Pfad, leichtsinnige Journalisten, Kabarettisten, Bibelforscher, Russen, Polen, Homosexuelle, Wehrkraftzersetzer, Lebensmittelkartenfälscher, Feindsenderhörer, Engelmacher, Saboteure, Spione und Kriminelle handelte. In der Angst waren wir viele Jahre vereinigt.
Ohne Erläuterung der angeführten Kürzel möchte ich den jüngeren Lesern das nicht vor das Auge geworfen haben. Also bitte zurückblättern.

Gemeinsam haben Ostler und Westler von zehn bis vierzehn Jahren dem Deutschen Jungvolk (DJ) angehört, wechselten zur Hitlerjugend (HJ), wurden zur Wehrertüchtigung (WE) gerufen, wurden von dem ehrenvollen Ruf zur Heimatverteidigung gegen die angloamerikanischen Bomber ereilt, weil die Luftwaffe sich nicht mehr helfen konnte, daher der Name Luftwaffenhelfer (LH) für die Sechzehnjährigen, die man von da an als alleinerziehende Kinder bezeichnen konnte, wurden dort vom Reichsarbeitsdienst (RAD) abgeholt, schaufelten irgend etwas zu oder auf, legten Sümpfe trocken, betätigten sich zwangsweise als Öko-Kriminelle, hatten dann zwei Wochen Zeit, sich vorzubereiten auf die Aufgabe, Soldat des Führers zu werden, nahmen Waffen entgegen, die älter als sie selbst waren, lernten schießen, fragten nicht mehr auf wen, waren frühe Männer, sie hatten den Waffenschein der Deutschen Wehrmacht (WM). Dabei hatten sie

noch nicht einmal mit einer Frau geschlafen. Aber die Witze über sie kannten sie bereits.
Darin waren Frauen unerfüllte Ungeheuer, die einem Mann nicht ins Gesicht, sondern auf die Achselstücke schauten. Weiber, die Ritterkreuzträger reiten ließen, Siegernutten, Monster ohne Wert, ohne Gefühl, aber mit sicherem Blick für den Machtmuskel. Man darf Männer nicht zu lange allein lassen. Sie sind allzu schnell bereit zu glauben, daß der Helm auf dem Kopf aufregender wirkt als die Lohntüte.
Nicht nur die Städte waren 1945 in Trümmer gegangen, auch das Frauenbild.
Der geschlagene, stinkende, verlotterte PW (Prisoner of War) zog über die Straßen. Mitleid macht impotent.

Von hier an teilen sich die Schicksale von Ost und West. Der West-PW holte Bildung nach, machte, wenn es ihm gegeben war, irgendeine Prüfung, sagen wir das Abitur (ABI), studierte vielleicht (UNI), trat spontan der Gewerkschaft bei (DGB), ergriff einen Beruf, kaufte einen gebrauchten VW (Volkswagen-Käfer), hatte Glück, stieg auf, wollte, daß es die Nachbarn merken, stellte einen BMW vor die Tür, trat dem ADAC bei, erwarb sich Ansehen, verschaffte sich Respekt, baute einen hohen Zaun um sein Haus, verschwand dahinter und ließ nur noch seinen Hausarzt herein. Der hat ihm neulich mitgeteilt (EKG), daß der Mensch noch immer nicht unsterblich sei, was der Patient bis zum heutigen Tage nicht glaubt. Und wenn er nicht gestorben ist, zweifelt er noch immer.
Der Ost-PW war gerade noch jung genug, in die Freie Deutsche Jugend (FDJ) einzutreten, bekam dort statt einer Lebenshilfe ein solides Feindbild, sah vorübergehend ein, daß

er im richtigen Teil Deutschlands gelandet war, verschlampte seine Konsonanten, bis er sächsisch sprach, glaubte fest daran, daß er ein Antifaschist sei, lernte 47 Zitate von Lenin auswendig, fünf brauchte er bloß, wurde führendes Mitglied der Gesellschaft für Sport und Technik (GST), automatisch Mitglied der SED, zwangsläufig Mitglied der DSF (Deutsch-Sowjetische Freundschaft) und Abonnent des ND (Neues Deutschland). Dazwischen verliebte er sich, heiratete, zeugte Kinder, aß und trank, hatte Freunde, ging hie und da fremd, machte Urlaub in Ländern, die sein verdientes Geld annahmen, hatte manchmal Schwierigkeiten, über seine Zukunft nachzudenken. Als ihm 1990 mitgeteilt wurde, er hätte 40 Jahre lang gar nicht gelebt, hatte er Zweifel.
Sein Sohn wurde Thälmann-Pionier mit blauem Halstuch, wurde in die fünfte Klasse versetzt und damit Thälmann-Pionier mit rotem, leistete seine VMA ab (Vormilitärische Ausbildung), lernte dabei, wie man sich an den Klassenfeind heranrobbt, wurde Träger des Abzeichens für gutes Wissen in Silber (AGW), erreichte die erweiterte Oberschule (EOS), besuchte die Polytechnische Oberschule (POS), bekam die Mitteilung, daß er FDGB- und SED-Mitglied war, damit natürlich auch in der DSF (Deutsch-Sowjetische Freundschaft), nahm irgendwann Frau und Kind und reiste über Ungarn in die BRD.
Dort klingelte ihn eines Morgens der Sohn des West-Alten heraus. Dessen Weg war geradlinig. Er hatte die Grundschule besucht (Grundsch), die Oberschule (Obsch), das Abitur (ABI) gemacht, die Wehrpflicht verweigert und war Hilfsdienstleistender geworden (Hidilei), verbrachte ein paar Jahre als Grundschullehrer (Grundschl), stellte eine Karrierehochrechnung an, nickte kurz und schmerzlos, ließ sich

umschulen (Umsch) und wurde Versicherungsvertreter (VV).
An diesem Morgen sprachen die beiden Söhne kurz miteinander und fanden sich herzlich unsympathisch.
Wir gelernten Westler haben es ja viel schwerer, uns mit dem neuen Zustand abzufinden. Schließlich haben wir in all den Jahren um unsere armen Brüder und Schwestern gebangt, haben recht behalten mit unserer Sorge, und nun sollen wir all ihre Verstricktheiten sang- und klanglos vergessen?
Wir möchten uns ein bißchen feiern dafür, daß wir die Fahne der Freiheit genäht haben.
Zugegeben, es sah nicht danach aus, als ob wir uns darüber Gedanken gemacht hätten, wo Vorpommern eigentlich liegt, oder wer die Leute sind, die im Spreewald mit den langen Kähnen herumfahren. Das ganze Land war uns abhanden gekommen. Was wir am 17. Juni gefeiert haben? Was war das bloß? Himmelfahrt?
Aber das macht doch nichts. In jener Nacht, als der Widerstandskämpfer Schabowski aufgrund eines Mißverständnisses den Belagerungszustand für beendet erklärte – der Mann hatte Jahre seines Lebens hingegeben dafür, nur zum Schein höchste Positionen in der DDR zu bekleiden –, in jener Nacht ist uns blitzartig wieder eingefallen, daß es diese Leute da drüben wirklich gibt. Gerade noch rechtzeitig.
Es wird zwar immer wieder behauptet, daß sie sich selbst befreit haben, aber das wird wohl langsam in Vergessenheit geraten, denn zunehmend streiten sie sich ja das gegenseitig ab. Es mag schon sein, daß es diese SED einmal gegeben hat, aber stark kann sie nicht gewesen sein mit ihren paar Mitgliedern. Schabowski soll schon sehr früh und tief erschüttert aus ihr ausgetreten sein, kennt einen gewissen Honegger,

aber das ist seiner Meinung nach ein Schweizer Komponist.
Die Selbstreinigung geht voran. Sie begann bereits zehn Minuten nach der Stunde Null.
Als die Haftbefehle für die Häuptlinge ausgestellt wurden, erfuhr man staunend, daß das dieselben Richter gewesen sind, die kurz zuvor noch republikflüchtige DDR-Bürger zu zwei Jahren Bautzen verdonnert hatten.
Deutsche Richter sind unbestechlich und regimeübergreifend, werden bereits als Richter geboren und streben dann zielsicher der Unsterblichkeit zu. Vermutlich werden sie auch unbefleckt empfangen, sterben hie und da auch einmal, stehen aber wieder auf und fahren dann wie Flammenschwerter unter das gemeine Volk.
Davon tief überzeugt, fuhr mir in der Stunde der Wende dieser höchst ungerechte Text in die Maschine:

## RICHTER FEISTMANTEL

Dr. Christian Fürchtegott Feistmantel erhielt im Jahre 1901 im kaiserlichen Reich die Richterwürde, nachdem er zuvor schon als Staatsanwalt für Aufsehen gesorgt hatte. Er beantragte für einen sozialdemokratischen Postbeamten die Todesstrafe, der beim Belecken einer Briefmarke, die auf der Vorderseite den Kopf Kaiser Wilhelms des Zwoten trug, gesagt hatte: »So Willem, und jetzt kannste mir auch mal, und zwar an derselben Stelle.«
Ungeachtet dieses Urteils trug der mutige Strafantrag des Staatsanwaltes Feistmantel demselben neben höchstkaiserlichem Lob die Berufung zum Richter ein.
Richter Christian Fürchtegott Feistmantel bekam, nachdem er 81 Verurteilte unter das Beil geschickt, 44 Delinquenten zum Strang verholfen und 22 000 Tage Zuchthaus ausgesprochen hatte, durch kaiserlichen Erlaß die Unsterblichkeit verliehen. Und ob Sie es nun glauben oder nicht ...

Richter Feistmantel lebt
und er richtet noch fleißig,
er wurde im Januar
einhundertdreißig,
und was sich auch änderte,
was auch geschah:
Der Kaiser war weg,
doch der Feistmantel da!

Und er saß mit dem Arsch –
mit dem Arsch auf dem Stuhl –
mit dem eisernen Arsch auf dem Stuhl.

Richter Feistmantel putzte
die richtigen Klinken
und stutzte voll Wollust
die Flügel der Linken.
Und wenn jemand fragt',
was Ossietzky geschah:
Dann war Gott sei Dank
der Feistmantel da.

Und er saß mit dem Arsch –
mit dem Arsch auf dem Stuhl –
mit dem eisernen Arsch auf dem Stuhl.

Richter Feistmantel sagte
im Jahr dreiunddreißig:
»Ich setze auf Braun,
auf Gesetzbücher scheiß ich«
und mordete Stauffenberg,
Huber und Beck
Hitlers Ende war da,
der Feistmantel weg.

Denn er saß mit dem Arsch –
mit dem konnte er fliehn –
in dem östlichen Teil von Berlin.

Gesetzbuch

Richter Feistmantel füllte
Gefängnisse fleißig
und wurde im Januar
einhundertdreißig.
Die Honeckers, Mielkes
für die er's getan,
die führte er kühl
höchstselbst in den Kahn.

Und er sitzt mit dem Arsch –
mit dem Arsch auf dem Stuhl –
mit dem eisernen Arsch auf dem Stuhl.

Richter Feistmantel putzte
die Klinken in Wandlitz
und schaute, so sagt er,
dem Teufel ins Antlitz.
Ein richtiger Richter
vergißt, was mal war.
Die Bonzen sind weg,
der Feistmantel da.

Und er sitzt mit dem Arsch –
mit dem Arsch auf dem Stuhl –
mit dem eisernen Arsch auf dem Stuhl.
Und der Stuhl ist schon morsch,
doch kein Grund sich zu freu'n,
er bekommt sicher morgen,
schon morgen, schon morgen,
für den uralten Arsch einen neu'n.

# PHILOSOPHENSCHWEMME

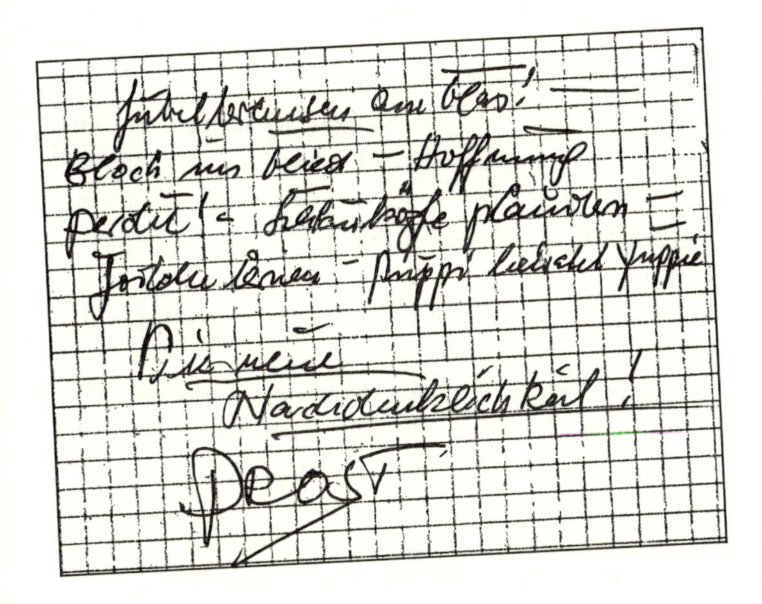

Hingeschmiert diese kryptischen Mitteilungen nach einer langen Nacht. Muß eine ziemliche Katastrophe gewesen sein.

Es ist nie so richtig herausgekommen, wer der Gastgeber oder die Gastgeberin war. Die Kneipe hat zugemacht, man war gerade so im Disput, und irgend jemand hat gewußt, wo einer sein Gartenfest macht oder seine Scheidung feiert, weiß der Teufel.

Die Anlässe sind verschieden, die Leute die gleichen, oft

auch dieselben. Wenn man einem mit einem Teller hinterhergeht, findet man das Buffet. Ein Blick darauf, und es ist klar, welcher Partyservice den Bus hinter der Hecke hat. Keiner wundert sich, daß der andere auch da ist. Meinungsverschiedenheiten werden in München niedergefeiert.
Da hat sich ein Kreis um einen Erzähler gesammelt. Everding? Stimmt. Ich stelle mich dazu. August Everding ist kein Langweiler. Um ihn herum, Glas im Griff, Vertreter von Staat, Kirche und Hochkultur. Blitz-Gelächter und eine schreibende Zitatensammlerin. Übermorgen sieht man sich in AZ, tz und Bild wieder. Nächste Ansammlung. Gespannte Mienen, beflissenes Nicken, ein Solist am Glas. Edmund Stoiber? Stimmt.
Zwei Herren, die in die entgegengesetzte Richtung blicken. Gelangweilte? Nein, Sicherheitsbeamte.
Irgendwann singt gleich Roberto Blanco, Uschi Glas kommt um die Ecke, die Reiber dirndlt vorbei, ein Strauß-Sohn bayert irgendeinen Preußen zusammen, und keiner fehlt. Weppern daß?
Und sie wären auch da, wenn man ihnen erzählte, daß es sich um den 25. Hochzeitstag des Kardinals handelt oder um die Auflösung des FC Bayern.
Kabarettisten sind tatsächlich auch da. Warum nicht? Ohren weit aufmachen, prominente Gattinnen anmachen, falsche Geschichten erzählen, böse Gerüchte verbreiten, zum Beispiel, daß der bayerische Kultusminister schon vor vielen Jahren aus der Kirche ausgetreten ist, daß die bayerische Politik in Eichstätt gemacht wird, daß der unvermeidliche Kirchenunrat H.(Wo isser denn? Da isser ja.) der Beichtonkel von Streibl ist, daß der Ratzinger Polen nicht ausstehen kann, im Bayerischen Verfassungsschutz 20 Stasi-OIBEs

sitzen und in der Bayerischen Staatsregierung 17 Mitglieder vom Opus Dei.
Alles nicht wahr, aber denkbar.
Der schwarze Peter unterhält mit geballter Zunge ein Rudel Jungunionisten. Und da ist es zum ersten Mal, das Thema Säuberung. Gauweiler ist entschlossen. So wie er die Münchner Kunstszene von linken Spinnern befreien wollte, so will er jetzt die Horkheimers, die Habermase und die Blochs vom Sockel fegen. Außerdem ist er der Meinung, daß es in München keinen Karl-Marx-Ring mehr geben dürfe.
Nach einem Menschen eine Straße zu benennen, der nicht einmal seine Familie ernähren konnte, wäre ein Skandal, meinte er. Daß Therese Giehse, Oskar Maria Graf, Hegel, Brecht und Eisner eine Straße haben in der Stadt, hat er noch nicht moniert. Kann aber noch kommen.
Ein Skandal auch, daß nichts nach diesem Leutnant Graf Arco, der die Eisner-Entsorgung auf sich genommen hatte, benannt ist. Nicht einmal die Ecke, um die er ihn gebracht hat, den Eisner, trägt seinen Namen.
Hochbefriedigt ist er, der schwarze Ajatollah, daß so mancher Saulus inzwischen zum Paulus geworden ist. Zeigt auf Schorsch Kronawitter, der sein Glas auf die »Bildzeitung« erhebt, die zurückhaltend war und die Schlagzeilen vermieden hat: »Bumm! Da fiel der Saulus um!« »Der rote Schorsch will Asylgesetz ändern!«
Die Sozialdemokraten drehen Pirouetten auf dem Eis. Die Haltungsnoten sind nicht besonders.
Endlich Freunde getroffen, miteinander uns besoffen und die neue deutsche Nachdenklichkeit in die Abwässer gespült.
Ach ja, da war noch eine Kassette. Talkshow mit Karl Eduard von Schnitzler in einer Talkshow. Das Durchhaltebonbon

des DDR-Fernsehens zu Gast im Öffentlich-Rechtlichen. Entweder war der Mann tollkühn oder volltrunken. Kurz zuvor hatte er noch in seinem »Schwarzen Kanal« die große Zahl der über Ungarn ausreisenden DDR-Bürger damit begründet, daß BRD-Agenten sie in Budapest mit K.-o.-Tropfen bewußtlos gemacht und dann gegen ihren Willen verschleppt hätten. An den Grenzbahnhöfen seien sie zu allem Überfluß noch von jubelnden Wessis mit Brezen und Bananen beworfen worden, wodurch es dann viele Verletzte gegeben haben soll. Inzwischen sei ein Großteil von ihnen wieder zurück in der DDR.

Daß dann am Talk-Tisch ein Journalist saß, nämlich Reginald Rudorf, der ihn am liebsten vor aller Augen füsiliert hätte, den schwachsinnigen Schni, so sein Spitzname, führte zu einer weiteren unfreiwilligen Pointe an diesem Abend. Der Journalist wußte, daß alle am Tisch wußten, wie groß sein Eifer gewesen war, mit dem er während seiner DDR-Zeit dem Kommunismus gedient hatte, also erklärte er vorschützend erst einmal die beliebte »Ich-war-früher-auch-mal«-Prophylaxe, daß er früher auch ein glühender Sozialist gewesen sei.

Heute sei er ein glühender Antisozialist!

Er glüht schon wieder.

Ich habe an mir gemerkt, daß man irgendwann mal auskokelt, wenn man falsch angezündet worden ist.

Der nicht. Der schreibt immer noch glühend für Bild, BamS und Burda. Welche Energie bringt ihn so zum Glühen?

Überzeugung? Öl? Rache?

Es ist einfacher: Kohlen.

# FREISCHWIMMER

15 47

Günter W. hat angerufen

Donnerstag geht nicht,

muß wieder nach

Kanada. Kommt

in 2 Jahren wieder.

Gruß Agi

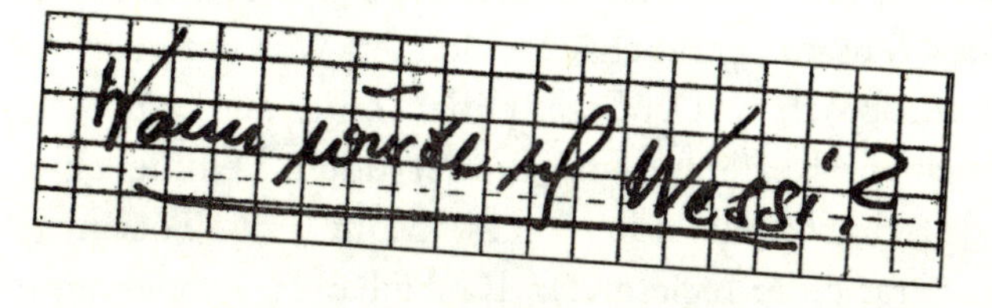


Günther, Freund aus trüben Tagen. Gemeinsames Robben durch Pfützen in Görlitz, gemeinsam geknechtet von hirnlosen Unteroffizieren, gemeinsame Vorstellungen, wie man sie eines Tages umbringt oder wie man sie nach dem Kriege

in die Kloschüssel taucht. Beide 17 Jahre alt, 59 Kilo schwer, jeder Schikane von Vorgesetzten hilflos ausgeliefert durch die Eigenschaft zu grinsen, wenn man weinen wollte.
In dem Fall schrie der Ausbilder: »Grinsen Sie nicht, Sie dummes Volk!«
Günther und ich waren der Meinung, daß diese Kerle, die uns zu Männern machen wollten, zum Läuseknacken zu dämlich waren. Das war fatal für uns, denn immer, wenn wir wieder gesagt bekamen, daß jeder einzelne von uns ein dummes Volk sei, mußten wir grinsen.
Das brachte uns wieder in die Pfütze. So lange, bis wirklich die Tränen kamen. Dann waren sie zufrieden, die »Ausbilder«. Dabei wollten wir doch Ritterkreuzträger werden, nicht gleich Männer. Zu »Männern« kann man nur durch Frauen gemacht werden. Militär, Uniformen, Marschieren, Zackigkeit, Exerzieren, das muß jemand erfunden haben, der Angst vor ihnen hatte. Präsenile Bettflucht mit Marschmusik.
Am letzten Tag unserer uniformierten Unwürde stellten Günther und ich triumphierend fest: Wir waren arme Schweine, aber sie haben uns nicht zu Würstchen gemacht. Dieser Tag war der 8. Mai 1945. Er wird gewöhnlich als der Tag des »Zusammenbruchs« bezeichnet. Was war denn zusammengebrochen? Der Staat Hitlers unter der Last seiner Verbrechen. Regierungskriminalität unter Beihilfe einer Zweidrittelmehrheit des Volkes. Mord und Totschlag. Volksverrat einer regierenden Räuberbande. Landesverrat des Volkes. Aber bis zum heutigen Tage beharren wir darauf, den 8. Mai, die Kapitulation, als Zusammenbruch zu bezeichnen. Zusammengebrochen war Deutschland 1933. Als Millionen in die NSDAP aufgenommen werden wollten und

diese Partei dem Ansturm nicht mehr gewachsen war, die Parteiabzeichen knapp wurden, eine Mitgliedersperre verhängt wurde. Später sind sie alle noch reingekommen.
Unser Kaufmann verkaufte Bonbons mit Hakenkreuzen. Ein Toilettenpapierhersteller wurde gerade noch zurückgehalten. Häßliche Häuser verschwanden hinter riesigen Hakenkreuzfahnen, die Schuhgeschäfte hatten Konjunktur in Stiefeln. Der Lackschuh war dekadent. Frauen trugen Kletterwesten. Sie banden sich die Haare weg und schauten völkisch.
Ein paar Jahre später sollte unser Studienrat Reichhelm, Parteigenosse, Zyniker, Hitler-Exeget und Religionslehrer (!) den stolzen Satz sagen: »Die Juden warten heute noch auf ihren Messias – unserer ist gekommen.« Er soll als Oberstudiendirektor in Sachsen sein erfolgreiches Leben beendet haben.
Nicht nur bei uns im Westen sind die Nazis verschwunden. Wer Westler oder Ostler wurde, entschied sich in vielen Fällen schon an diesem 8. Mai. Es ging um Stunden.
Als ich meine Einheit verloren hatte, oder sie mich, wer weiß das schon, wahrscheinlich wollte ich wieder ganz allein recht haben und habe den Westen im Südosten gesucht, stand ich dann doch noch an der Elbe, nahe Fischbek, gegenüber von Tangermünde, sah, daß die Russen die Notbrücke bereits eingenommen hatten, entschied mich zwischen zwei möglichen Gefangenschaften für die amerikanische, zog mich aus bis auf eine häßliche, lange, weiße Unterhose und meine Armbanduhr, rutschte rein in den Fluß, der braun, breit und reißend um die Kurve kam, schwamm um mein Leben, hatte Glück und kam drüben an.
Hinter einen Felsen gekauert, die Russen schossen noch ein

I AM A SOLDIER !

bißchen herum, sah ich einen amerikanischen Soldaten, der meine Landung beobachtet hatte. Dann kam so ein nackter, kleiner deutscher Fritz, der drüben noch Soldat gewesen war, auf ihn zugerannt, hob die Hände und stammelte: »I am a soldier.«
Das war wichtig, denn Zivilisten wurden wieder zurückgeschickt von den Amerikanern. Sie hatten wohl schon an die zu erwartende Wohnungsnot gedacht.
Der GI, ungefähr zehn Jahre älter als ich, knurrte irgend etwas, was ich nicht verstand, betrachtete mich von oben bis unten, stand auf und führte mich zu einem Bauernhof. Er klopfte an die Tür, es öffnete eine ältere Frau, die mich, in meiner unanständig nassen Unterhose, empört musterte, nicht wußte, was der Amerikaner von ihr wollte, der aber keine lange Diskussion zuließ, sondern auf mich zeigte und barsch forderte: »Clothes!«
Weil sie nun überhaupt nicht mehr nachfragte, sondern mich feindselig ansah und sofort zu einem Schrank ging, ihn öffnete – und siehe da, es hingen dort mindestens 15 Uniformen aller Waffengattungen –, bekam ich den Verdacht, daß das in den Tagen zuvor schon öfter passiert sein mußte. Um es herauszufinden, war keine Zeit. Der Amerikaner war ungeduldig. Sie gab mir ein Unterhemd, eine Jacke, keine Socken, ein paar Stiefel, eine trockene, weiße, lange Unterhose und keine Hose.
»Hosen no«, sagte sie. Das war meinem Gefangennehmer egal.
Zehn Minuten später, auf dem Sammelplatz, traf ich wieder auf meine Einheit. Die Stimmung war prächtig, und meine Unterhose ein voller Erfolg. Antreten, Abmarsch, und ich links außen in der vierten Reihe. Durch Tangermünde hin-

durch, die Bewohner in den Fenstern, glücklich, daß der Krieg zu Ende war, auch darüber, daß wir Knaben es überlebt hatten, das Gefühl hatte ich jedenfalls, und sie deuteten auf mich mit den Fingern, als wollten sie sagen: »So konnten wir den Krieg ja nicht gewinnen.«

Lustig ging's ins Ungewisse.

Gesungen haben wir auch, und zwar den inzwischen vergessenen Text:

»Und so tragen wir unser Leiden mit Geduld,
an der ganzen Scheiße sind wir selber schuld.«

## SUCHZETTEL

»Wer weiß, wo meine Eltern sind?
Walter Hildebrandt mit Gertrud und Sohn Bernd?
Tillendorf bei Bunzlau.
Mitteilungen bitte an: Dieter Hildebrandt.
Neustadt am Rübenberge. Niedersachsen.
British Mil-Camp.
Sergeant's Mess.
*Im August 1945.*«

Der Text ist nicht authentisch, der Zettel ist weg, aber so ungefähr muß er gewesen sein. Ich kann ihn auch nicht mehr haben, weil ich ihn an Bretterwände, Bahnhofsgebäude, Ruinen, Rathäuser und wer weiß noch woran geklebt hatte. Tausende von diesen Zetteln und Tausende, die davor stehen und verzweifelt Hinweise suchen, wo verlorengegangene Angehörige geblieben sein könnten.
Auseinandergebrochen ist alles, nicht zusammengebrochen. Das Volk sammelt sich wieder ein.
Die Lage der Nation ist mit einem einzigen Wort zu beschreiben: Hunger!
Und dazu die Ungewißheit, wo die Kinder sind. Viele von ihnen hatte man ja verschickt. In die Dörfer, in die bombenfreien Gebiete. Wer bringt sie zurück und wann?
Die Männer fehlen noch, die Söhne, die Brüder. Kommen

sie überhaupt wieder? Und wenn wie? Mit beiden Armen und Beinen? Oder blind?
Kommt einer zurück, ist Freude im Haus. Neid auch. Männer haben das Unglück bestellt, die Frauen bekommen die Rechnung. Trümmer aufräumen, Suppen aus Kartoffelschalen kochen, tauschen, hamstern, ein paar Mark verdienen, irgendeinen alten Fetzen Stoff zu einem Kleid vernähen. Anziehen heißt Blößen bedecken, Eleganz ist verdächtig, denn die könnte aus einer deutsch-amerikanischen Schlafgemeinschaft kommen. Aus einer deutsch-britischen entsteht kaum eine. Die englischen Soldaten schlafen zwar auch mit deutschen Mädchen, aber englischer, also distanzierter. Sie sind nicht direkt geizig, aber sie bezweifeln, daß das so viel wert ist, was sie von den Mädchen bekommen.
Günther W., mit dem ich bei zwei Kriegerwitwen wohne, sieht unsere Chancen als Mann realistisch. Er meint: »So wie die Lage ist, sehe ich uns unschuldig bleiben.«
Wir sind aber auch keine Augenweide. Wir halten uns einigermaßen sauber, aber unsere Klamotten könnten den Eindruck erwecken, als stänken wir. Wir kommen uns auch so vor. Wie Sklaven aus Antiochien, die von den Römern erbeutet wurden. Mein Job aber, den ich mir erschlichen habe, ist erstklassig. Kellner in einer Sergeantenmesse. Meine Handfertigkeit erzeugte bei den Bedienten nicht ungeteilte Begeisterung, da kam schon hie und da ein Löffel Suppe auf die Siegerhosen, aber mein Ruf als Briefschreiber machte mich unkündbar. Einer von den Sergeanten hatte damit angefangen: ob ich denn nicht einen Liebesbrief an seine deutsche Liebe verfassen könnte. Natürlich konnte ich, das heißt, ich habe die Literatur beziehungsweise das bißchen, was ich davon behalten hatte, schamlos bestohlen,

und der Erfolg war wachstumsfördernd. Das damalige Zahlungsmittel waren Navy Cut-Zigaretten. Ich wurde liquide und fing an zu tauschen. Mein Selbstbewußtsein erholte sich, vermutlich roch ich nicht mehr so erfolglos säuerlich, und siehe da, die Wuschelige von gegenüber signalisierte Interesse. Aber womit ich nicht gerechnet hatte, sie haßte das Anschleichen, stieß mich in ihr Bett, es war auch ganz nett, aber irgendwie nicht so wie die Briefe, die ich schrieb. Doch ich gehörte nun zu den Erfahrenen, im Gegensatz zu Günther, der mit unseren Vermieterinnen, den Witwen, keinen Erfolg haben wollte, die sich anderweitig trösteten. Nun waren zwei neue Männer im Haus. Alfred, der Matrose, der keine Lust hatte, zu seiner Frau zurückzukehren, und John, der Sergeant aus eben der Messe, in der ich arbeitete.
John war Verpflegungssergeant. Es ging uns mit einem Schlage besser. Natürlich liebte ich die Wuschelige mit der ganzen Wucht meiner 18 Jahre und fühlte mich verlobt. Das hat sie wohl anders gesehen. Eines Tages bat mich John, einen Annäherungsbrief zu schreiben. An die Wuschelige. Ich lehnte ab, und zwar empört. Ich hatte keine Chance. John spielte abends Saxophon in einer Big Band. Ekelhaft gut.
Und da, ich gebe es ja zu, beschloß ich, meine Eltern zu suchen. Günther riet mir ab, erwähnte wohl auch diese Sache mit dem Heuhaufen und der Nadel, aber ich war zu Tode verletzt, packte meine Sachen, es war genaugenommen nur ein Militärmantel, sprang auf einen Güterzug auf und fuhr einfach Richtung Süden. Bis Fürth brauchte ich sechs Tage. Zweimal in einem leeren Kohlewagen, einmal draußen auf dem Trittbrett, dazwischen 25 Kilometer zu Fuß, 100 Kilometer schaffte ich mit einem Lkw, hinten auf Kohl-

köpfen sitzend. Ziemlich zugig die Sache, denn es war bereits Anfang Oktober.
Zunächst wußte ich nicht, warum ich so zielsicher in den Süden fuhr, dann dachte ich nach, überlegte, was wohl mein Vater sich gedacht haben könnte, wenn er wirklich Schlesien verlassen haben sollte mit Frau und Kind, und meinte, dann kann er sich nur an der äußersten Grenze Bayerns niedergelassen haben, um den kürzesten Weg nach Hause zu benutzen, wenn sich die vorübergehend falschen Besitzverhältnisse nach der Friedensabwicklung wieder normalisiert haben würden.
Ich tippte also auf Weiden in der Oberpfalz, erreichte die Stadt irgendwie, ging in die Flüchtlingskartei und fand die Bestätigung. Vater, Mutter und Bruder waren in einem Ort 17 Kilometer entfernt, in Windischeschenbach, gemeldet. Zu Fuß ging ich sofort auf mein Ziel zu, kam in den Abendstunden dort an, erfuhr die Adresse, jagte eine Holztreppe hoch, klopfte an die Tür, öffnete sie sofort und sah meine Mutter, mit dem Rücken zu mir – sie hatte mich nicht gehört – am Herd stehen, und dann kam nichts heraus aus meinem Mund. Sie war so überrascht, daß sie gar keine Zeit zum Freuen hatte. Später erfuhr ich, daß niemand mehr mit mir rechnete. Es war ein halbes Jahr seit Kriegsende vergangen. Nun war er doch wieder da, der verlorene Sohn.
Ein Lamm konnte nicht geschlachtet werden. Es gab Brotsuppe. Und da saßen wir wieder zusammen, als wäre nichts geschehen.

Ganz so war es nicht. Mein Vater war die Treppen heraufgekommen, hatte nichtsahnend die Türe geöffnet, stand da mit zwei leeren Eimern, sah mich, ließ die Eimer fallen und sagte mit zitternder Stimme: »Wo kommst denn du her?« Nie hatte mein Vater eine Träne verloren, doch plötzlich sah ich da was glitzern, und ich antwortete überrascht: »Aus dem allerletzten Krieg, Vater.« Es fiel mir auf, daß ich nicht Vati gesagt hatte.

# NACHKRIEGSFRIEDEN

So richtig verloren haben wir den Krieg doch wieder nicht. Die Drohung, es könnten die Russen kommen, hat sich erfüllt. Sie sind da, sitzen mit Balalaika und Akkordeon in den Fußgängerzonen, lachen uns an und halten den Hut auf. Gerade noch hatten die großen Überflieger der Republik, Groß und Fest, am Runden Tisch gefordert, man solle doch endlich zur Kenntnis nehmen, daß die Utopien vom Tisch seien, da hatte sich die größte Utopie verwirklicht, der große Krieg zwischen Gut (West) und Böse (Ost) war undenkbar geworden.

Egon Bahr (Wost) hatte immer schon mit der Möglichkeit gerechnet, daß eines Tages ein kluger Ostkopf die Rechnung aufmachen würde: Man kann, jedenfalls nicht auf Dauer, der Bevölkerung eines Weltreichs weismachen, sie müsse 70 Prozent ihres erarbeiteten Einkommens dafür aufwenden, das zu verteidigen, was sie dann zu 30 Prozent gar nicht hat. Ob Gorbatschow so weise war einzukalkulieren, daß er in der Geschichte für dumm gehalten werden könnte, weil er dieser Erkenntnis nachgab, also damit klüger war als der schlaue Boris Jelzin, das wird dann Theo Sommer in der »Zeit« klären.

Kaum einer wird es lesen, und das ist ungerecht, schließlich hat er schon drei Jahrzehnte lang der Republik seinen geistigen Stempel aufzudrücken versucht.

Wäre das Weltgeschehen so verlaufen, wie es unsere Top-

Twenty-Journalisten prognostiziert haben, säßen die zwei Supergroßmächte heute noch bis über die Ohren bewaffnet auf ihren Raketen, würden ganze Stäbe von hochbezahlten Überstrategen weiterbeschäftigen, die versucht hatten nachweisen, daß ein Überleben nach dem Tode möglich ist, daß man nur einen Spaten braucht, um sich ein Loch zu graben, aus dem man sich dann fröhlich ins Leben zurückpfeift. Das ist alles nachzulesen und von amerikanischen Präsidenten geglaubt worden, die auch noch wiedergewählt wurden. Es wären immer noch Pentagonsprecher am Werke, die den Menschen mitteilen würden, es gäbe selbstdenkende Raketen, die im Ernstfalle den Staatsratsvorsitzenden Honecker suchten, feststellten, daß er nicht zu Hause ist, sein Haus in Wandlitz umflögen, warteten, bis er heimkommt, und ihn dann – Wumm! – in die Luft jagten.
Mein Vertrauen in den perfektionierten Wahnsinn war grenzenlos. Also stieg auch meine Hoffnung, daß zukünftige Kriege nicht mehr auf dem Rücken der Zivilbevölkerung ausgetragen würden, sondern mit den Köpfen der Verursacher beziehungsweise mit deren Findung durch Suchraketen beendet werden könnten.
Zerstört der Traum. Diese Pershings haben gemacht, was sie wollten. Mal verzischten sie im Ungefähren, mal fielen sie auf die Urheber zurück, jedenfalls schlugen sie immer dort ein, wo sie niemand vermutet hatte.
Nun haben sich die gefürchteten, übermotivierten, allwissenden, tiefgefrorenen Kremlmonster als ganz gewöhnliche Prokuristen einer Pleitefirma enttarnt, deren Mitglieder sich jetzt gegenseitig anfallen, ausrauben und umbringen und ein Mitglied der Zarenfamilie, wenn sie es am Leben gelassen hätten, am liebsten auf den Thron setzen würden.

Da haben wir uns so verlassen auf diese High-Tech-Hunnen, auf ihren disziplinierten Haß gegen Dollardarwinisten und Wohlstandspropagandisten, Workaholics, Zinsendresseure, Weißkragenpiraten und sonstige Bauchköpfe, die Thomas Wolfe und Arthur Miller nicht erfunden haben, die von oben auf uns herunter leben, und dann klemmen sie den Schwanz ein, wollen ihn konvertibel machen und lassen den Rubel in die Gullys rollen.
Da stehen wir zwischen Typhus und Cholera und sollen uns freuen, daß Cholera gewonnen hat?
Generäle stehen plötzlich ohne Feind im Abseits.
Die Haubitzen rosten vor sich hin. Der Russe fehlt an allen Ecken und Enden. Irgendwann wird die Truppe zur Bekämpfung des Borkenkäfers eingesetzt werden.
Die Tiefflieger fliegen höher, und wenn sie mal durch die Ahrschneise donnern, daß die Kirchtürme wackeln, kommt sofort Protest aus der Bevölkerung: »Ja muß das denn noch sein?« Der vorübergehend neue Verteidigungsminister überlegt allen Ernstes, ob der neue Jäger angeschafft werden muß, nachdem man festgestellt hat, daß der alte schon viel zu schnell war, um den (simulierten) Gegner bekämpfen zu können.
Der Jagdflieger P. aus S.: »Je schneller man am Feind vorbei ist, um so sicherer ist er vor mir.«
Es taucht hie und da die Vermutung auf, die Bundeswehr könnte billiger verteidigungsbereit sein. Es gibt Politiker, die das bereits öffentlich sagen!
Freunde, das geht aber nicht. Wenn ein Soldat seine Waffe so pflegen würde wie sein Auto, dann könnte man darüber reden. Es sei denn, man privatisiert die Armee, subventioniert sie selbstverständlich wie ein Staatstheater, engagiert

sich die besten Sportler, Techniker, Abenteurer, kauft sich auch welche aus dem Ausland, interessiert Sponsoren, veranstaltet Wehrmeisterschaften oder Wehrweltmeisterschaften, benutzt das Fernsehen sowie auch den Kampfanzug des Soldaten als Werbefläche, vergißt jegliches völkische Anliegen, bezahlt den Truppenathleten für sein Risiko anständig, und dann kann man ihn auch fragen, ob er in Jugoslawien bereit ist, sich zwischen die Fronten zu stellen. Natürlich müßten die Großversicherungen auch einspringen und einen Vorschlag auflegen, wie man die Familien der Risikobereiten absichert. Lebensversicherung oder Todesversicherung? Egal, sicher ist nur, daß Idealismus unterversichert ist.

Hätte ich einen Sohn, ich würde ihm von allem abraten. Ich bin fein raus, ich habe keinen.

Mit meinen zwei erwachsenen Töchtern kann ich ruhig darüber reden, was sie täten, wenn sie einen hätten.

Übrigens muß ich mal wieder fragen, wie es damit aussieht. Ich werde ja immer älter.

Eine alte Frage ist noch zu klären. Warum habe ich bei der Erziehung der Töchter meinen Einfluß nicht geltend gemacht? Ich bin jetzt darauf gekommen: Ich hatte keinen.

Als sie das wurden, was sie werden sollten, habe ich ganz einfach genickt, als sie sagten, ich wäre ja auch das geworden, wovon mein Vater mir dringend abzuraten versucht hatte. Dann aber hatte er gesagt: »Wenn du das Gefühl hast, ein Emil Jannings werden zu können, versuch's.«

Habe ich gar nicht versucht. Ist mir auch nicht gelungen. Mutter legte ihm hin und wieder Kritiken vor die Nase, in denen zu lesen war, daß sein Sohn in Schwabing Menschen zum Lachen bringt. Er glaubte es nicht.

»Wie kann ein Mensch, der so denkt wie du«, meinte er, »vernünftige Zeitgenossen zum Lachen bringen?«
Treffer. Ich wußte es auch nicht. Aber ich war empört. Es war gar nicht so sehr sein Abiturzeugnis, das er mir einmal in letzter Not vorgelegt hat, um mich davon zu überzeugen, daß er eine Berechtigung hat, mir meine Mißerfolge in der Schule vorzuwerfen. Da hagelte es Einsen in Mathematik, Griechisch, Lateinisch, Französisch und Deutsch gegen mich. Da saß ein Vater mir gegenüber, der leidenschaftlich davon überzeugt war, daß sein Wissen unmittelbar in den Kopf seines Kindes übergehen muß, da saß ein geprügeltes Kind und dachte an Denkmalschändung. Werde nie ein starker Vater, habe ich mir gedacht, lerne viel, aber behalte es für dich, sage deinen Kindern alles, was du nicht weißt, das bringt sie weiter, und versuche ihnen nie beizubringen, daß du unersetzlich bist.
Eines Tages muß mein Vater etwas Ähnliches gedacht haben, denn er nahm mich in meinem Beruf zur Kenntnis. Tief in seinen Sessel vergraben knurrte er:
»Du scheinst Erfolg zu haben. Aber kannst du mir erklären, wie man damit auch noch Geld verdient?«
»Ganz einfach, man muß nur ein Plakat hinhängen, daß man vorhat aufzutreten, und wenn dann jemand kommt, beantwortet sich die Frage von selbst«, habe ich etwas gereizt gesagt.
Und er: »Versprengte, Hilflose, die ihr Geld dafür ausgeben, in ihren falschen Vorstellungen bestätigt zu werden. Du lockst die Schwachen an, und für die Starken bist du zu schwach. Aber wenn du die beschimpfst, hast du den Pöbel hinter dir. Wer oben ist, ist es nicht ohne Grund.«
Stimmt genau, aber diesen Gründen nachzugehen, das ist

manchmal recht hilfreich. Von dem Tag an habe ich meinem Vater ununterbrochen nachweisen wollen, daß es Minister gegeben hat, die völlig grundlos diesen Posten weiterbekleidet haben. Wenn man davon absieht, daß sie es auch völlig grundlos geworden sind. Es gibt Karrieren, die nicht aufzuhalten sind. Das sind Menschen, die nach oben müssen, weil sie unten Unheil stiften. Minister sind nicht mehr gefährlich. Alles, was knapp drunter ist, bestimmt die Richtlinien der Politik. Oder deute ich das falsch?
Es kann doch nur so sein, daß ein Wirtschaftsminister, ein Innen- oder Außenminister nichts gewußt hat über die »Liste der an den Irak unter Beteiligung bundesdeutscher Firmen gelieferten Rüstungsgüter«.
Cobra-Raketen, Truppentransporter, Funkgeräte, Laboranlagen für Pestizide, Nachtflugelektronik, Schützenpanzer, Atomwaffen, A-Waffen, Tanklastzüge, Schnellfeuergewehre, Haubitzen, B-Waffen, Kanonenfabriken, Benzinbomben, C-Waffen.
Es muß doch frei erfunden sein, daß auf dieser Liste die Firmen Siemens, Thyssen, Henschel, Magirus Deutz, MBB (21mal), Daimler-Benz (18mal) auftauchen.
Erfahrungsgemäß ist der Verdacht, daß es stimmt, höher zu bewerten als der Zweifel an der Ungeheuerlichkeit dieser Mitteilung. Überhaupt ist jeder Zweifel angebracht, der sich damit beschäftigt, ob es in diesem Lande so etwas wie eine Richtlinienkompetenz gibt. Die eben angeführte Liste könnte doch auch eine Kriegserklärung an die Vereinigten Staaten sein. Weiß das dann der Präsident der USA gar nicht und empfängt den Bundeskanzler, der auch nichts weiß, freundlich, brüderlich, um aller Welt mitzuteilen, daß er die Ohnmacht eines Regierungschefs gegenüber seiner Rü-

stungsindustrie durchaus als eigenes unbewältigtes Problem begreift? Oder haben sie sich beide als Bewältiger ihres Lebensabendsrisikos abgehakt?
Sie wirken alle immer so gelöst, so locker, so sicher, daß sie freien Abzug haben, sie sind ihrer selbst so gewiß, drohen hin und wieder mit dem Finger, wenn hin und wieder unter irgendwelchen Planen Panzer rauskucken, die nicht wissen, wo sie hin sollen, wenn's hochkommt, setzen sie einen ab, und Ruhe ist wieder in der Manege.
Langweilig war es nicht in den letzten Jahren. Es wimmelt von Untersuchungsausschüssen. Die Leute haben zu tun. Sie kommen nicht nach. Wo die Unterseeboote für Südafrika abgetaucht sind, weiß immer noch niemand.
Gorbi hat es gesagt: »Wer zu spät kommt, den bestraft die Müllabfuhr.« Kann auch die Geschichte gewesen sein, glaube ich aber nicht, weil die nicht einmal den Mielke bestrafen kann, der immer noch fassungslos darüber ist, daß man ihn nicht zurückliebt. Er liebt uns ja alle. Hut drüber, Erich!
Zurückdenkend an all die Jahre, in denen Politiker uns ihrer Sympathie versichert haben, fühle ich mich abgeliebt, übertölpelt, reingelegt. Das ist meine Schuld, weil ich so ungeduldig bin. Was ist eine Ewigkeit gegen die Zeit, die es braucht, um Toleranz so selbstverständlich auszuüben, wie man schläft, liebt, ißt, trinkt oder sich prügelt? Ich bin notorisch eifersüchtig, aber wie untolerant ist es, einem Menschen, den man liebt, das zu verschweigen. Ist es tolerant, einen Menschen, an dem einem etwas liegt, nicht anzugiften, wenn er bei einer großartigen Theaterinszenierung einschläft?
Renate ist tolerant. Sie läßt das nicht zu.
Wir haben gute Aussichten, nicht zur Ruhe zu kommen.

# ANGEPFLAUMT

*Irgendwann hat irg-endein bayrischer Staatsminister hier ...*
*oder in der Nähe von Hof ,oder dort ,wo man ihn abgesetzt hat -*
*mit dem Hubschrauber meine ich -, anders ist ein bayrischer*
*Minister offenbar gar nicht abzusetzen ...*
*betont - unter dem machen sie es nicht mehr - sie betonen , unterstrei-*
*chen oder drücken ganz klar aus ,was meistens eine*
*unbewiesene Behauptung darstellt -*

Ohne Seitenaufprallversicherung geht gar nichts! (ARD-Werbung)

Das war mir bisher nicht klar. Ist mir aber mit großem Ernst mitgeteilt worden, via Fernsehen von einem Herrn, der mich damit sehr verunsichert hat. Wir kommen nicht zur Ruhe. Kasko genügt, dachte ich, nein, wer Auto fährt, meint er, müsse immer damit rechnen, daß er seitlich gerammt wird, und das wäre so etwas wie ein Autofahrer-Super-GAU, und dagegen müsse man sich finanziell absichern. Das kündigt spezielle Hinten- und Vornaufprallversicherungen an, läßt darauf hoffen, daß es demnächst auch Obenreinfallversicherungen geben wird oder Reifenplatzsondertarife, vorn höher als hinten, versteht sich. Alles geht, alles wird bezahlt. Nur: Ohne Seitenaufprallversicherung geht gar nichts.
Ich versichere dir, du versicherst mir, er, sie, es versichern sich, wir versichern uns, ihr versichert euch, ist nur in den ersten beiden Fällen sprachlich unkorrekt. Müßte heißen: Ich versichere mich – du versicherst dich.
Nur du und ich haben den falschen Fall, den Dativ. Das

sollten unsere Kinder früh genug lernen. Ein Mensch wie du und ich – versichern sich. Ist das erst einmal gelernt, könnte die kompliziertere Form hinzukommen: Ich versichere dir: ich versichere mich. Viel später, in reiferen Jahren, erfährt man von seinem Versicherungstherapeuten: »Ich versichere Ihnen, daß Sie bezüglich der drohenden Ozonlochvergrößerung unterversichert sind.« Hoffentlich bringe ich sie jetzt nicht auf etwas, die Agenturen.

Interessant ist ja, wie die Versicherungen sich versichern. Die Allianz, die hoffentlich allianzversichert ist, versichert sich zum Beispiel gegen die Dresdner Bank, von der man versichert bekam, daß nicht daran gedacht sei, eine eigene Versicherung aufzubauen, dadurch, daß man über 21 Prozent der Anteile dieser Institution gekauft hat und damit mitbestimmen kann, ob es sinnvoll ist, was die Bank vorhat.

Da prallen zwei Seiten aufeinander ... nein, ohne Seitenaufprallversicherung geht gar nichts.

Die gute alte Lebensversicherung: »Ich lasse dir ein paar Krümel von dem Brot, das ich verdient habe«, nimmt sich dagegen aus wie eine Handvoll Herbstblätter gegen die Mitteilungsblätter von Großversicherungen, die sich sicher sind, daß unser Risiko weiterzuleben immer größer wird.

Wer Angst hat, ist unterversichert.

Wer gegen Angst versichert ist, hat keine.

Wer Angst hat, am nächsten Tage seinem Vorgesetzten zu sagen, daß er sich unter seinem Niveau behandelt fühlt, und vorher keine Meinungsversicherung (Kasko, Halbkasko?) abgeschlossen hat, behält die Ruhe, aber auch die Angst.

Es zahlt sich nicht aus.

Meinungsaufprallversicherung gibt es nicht. Wir sind unterversichert. Arbeitsplatzverlustversicherung gibt es nicht,

Geltungsverlustversicherung, Potenzverlustversicherung, Hoffnungsverlustversicherung, Würdeverminderungsversicherung, Beunruhigungsversicherung. Versicherung gegen Versicherungen, das wären die nächsten Schritte derer, die Versicherungen durch Verunsicherungen verkaufen. Die Branche boomt. Dazu die Rückversicherungen der Versicherungen, die Versicherten versichern, daß ihnen gar nichts passieren kann, *wenn* ihnen nicht etwas passiert, wogegen sie nicht versichert sind. Und da wäre eine Eventualitätsversicherung angebracht.
Würde mich mein Versicherungsvertreter dagegen versichern, daß ich ihn eines Tages umbringe? Sicher.
Alles ist versichert. Ute Lempers Beine sind versichert, Kampfhunde sind unfallversichert, Wiener Sängerknaben sind stimmbruchversichert, mit Sicherheit sind Justus Frantzens Hände versichert, wahrscheinlich auch Möllemanns Kopf, wenn nicht auch seine Ellenbogen, Ferraris und Stradivaris sind versichert, und ich behaupte einfach, daß Karl Dall seine Zunge versichert hat, obwohl es ein Waffenschein auch täte. Und nun erfahre ich, daß das alles nicht genügt, weil ohne Seitenaufprallversicherung gar nichts geht.
Das bedrückt mich, zumal ich den Anordnungen der Werbegeneräle nicht in angemessenem Maße folge, und wenn ich es versuche, alles durcheinander bringe, Brisk und Whiskas verwechsle, das in die Haare schmiere, was der Hund fressen soll, und Mümmelmanns Milch als Kloreiniger verwende.
Es ist zuviel, was auf mich einstürmt.
Ich tue zu wenig. Ich bin immer noch nicht versichert gegen Hoechst, BASF, Unilever, Tschernobyl, Obst, Wild und Gemüse, daß ich immer noch rauche, will ich schamhaft

verschweigen, ein Auto habe ich auch noch, nachts wache ich manchmal jäh auf und weiß, daß ich meinen Müll nicht ausreichend sortiert, der Aktion »Geld für die Welt« nicht gespendet, die fünf Mark nicht lockergemacht habe, die der Hans Clarin täglich drohend von mir fordert, damit ich reich werde. Für die Fünf Neuen Länder habe ich auch nicht gebetet, weil ich immer damit rechne, daß sie eines Tages von selber alt werden. So geht es nicht weiter.
Außerdem machen mich die vielen Menschen, die dauernd auf mich einreden, trotzig. Dumm so etwas. Jogger scheuchen nur das Wild auf, behaupte ich, Radfahrer sind schon gefährlicher als Rennfahrer, Bio-Obst verkürzt das Leben, und Europa wird nicht das Ei des Kolumbus, sondern der Zankapfel der Bürokraten. Genormt, gestylt, ungenießbar.
Ich muß ja nicht recht haben! Kolumbus hat auch nicht recht gehabt. Wenn der damals gewußt hätte, was wir heute über ihn wissen! Gold bekam er von den wilden Völkern, und was ließ er ihnen dafür da? Die Grippe. Dafür nahm er die Syphilis mit. So schlimm wird es für die Fünf Neuen Länder ja nicht werden.
Aber entdeckt haben wir sie, soviel steht fest.
Genug davon. Es wird so viel Ungerechtes über die Treuhand gesagt, daß man auch mal was Gerechtes sagen sollte: Die Dezentralisierung eines »Volksvermögens« kann man nur mit einem gesunden Zentralismus bewerkstelligen.
Was zusammenstürzen will, muß man in Trümmer legen.
Man kann also getrost Frau Birgit Breuel als die letzte Trümmerfrau dieses Jahrhunderts bezeichnen.
Und dann singen wir gemeinsam ein allerletztes Mal: »Auferstanden aus Ruinen...«
Renate sieht das aus fraulicher Perspektive ein wenig gemä-

ßigter. Sie schaute mich schräg an und sagte: »Besserwessimacho.« Das ist ein bißchen zu hart, trifft mich nur am Rande, aber der wird immer größer, wenn ich unrecht habe. Da war die Sache mit dem Pflaumenkuchen. Ich wünschte mir einen, aber mit »richtigen« Pflaumen. Renate meinte, da wäre niemandem mehr zu trauen. Da müsse man sich im Frühjahr neben den Pflaumenbaum setzen und aufpassen, daß keiner etwas daran manipuliert, und, wenn sie reif sind, selber pflücken.

»Das ist Unsinn«, hielt ich dagegen, »ich weiß einen, der verkauft Pflaumen von glücklichen Bäumen und heißt Blum!«

Also hingefahren und sofort gewußt, daß ich mich wieder mal blamiert hatte. Der Mann heißt nicht Blum und verkauft Pflaumen, sondern Pflaum und verkauft Blumen.

Aber es war doch nahe dran.

# STRAFZETTEL?

Finde ich in Ordnung. Habe ich recht?
Natürlich habe ich recht. Und selbstverständlich fahre ich auch zu schnell. Alle fahren zu schnell. Alle sind der Meinung, daß alle Autofahrer zu schnell fahren. Aber alle fahren zu schnell. Alle bezahlen dafür Strafe, ärgern sich und fahren noch schneller. Schneidige Schnurrbärte, lässige Haltung, quietschende Reifen, und dann der Blitzstart bis zum nächsten Rotlicht. Daddawumm-Daddawumm dröhnt es aus dem Lautsprecher. Die Radiomacher sollten sich mal Gedanken machen, welch unheilvollen Einfluß Musik auf den Verkehrsteilnehmer ausübt. An dem Rhythmus, den der Fahrer auf das Lenkrad klopft, kann man schon erkennen, welche Musik ihn so nach vorne peitscht. Man müßte mal eine Hitliste der Unfall-Musik aufstellen. Mit bayerischer Volksmusik ist das gar nicht zu erreichen, die ist absolut strafzettelfrei. Noch nicht überprüft habe ich, ob Nachrichten die Fahrer aggressiv machen können. Wäre denkbar. Ganz sicher jedenfalls ist das Überholtwerden ein Vorgang, der tiefste Demütigung zu bedeuten scheint. Das Überholen wiederum ist offenbar ein Akt der Selbstbefriedigung. Der Fahrer faßt sich, wie angelegentlich, an die Nase, soll heißen: »Mädel, laß es, du kannst es nicht.« »Junge, du beherrschst vielleicht drei Fremdsprachen, ich beherrsche mein Auto.« Darum fahren auf Autobahnen alle auf der linken Seite. Wütend popeln die Porsches an den Auspüffen der Opels

herum. Wenn sie Bordkanonen hätten, würden sie sich den Weg freischießen. Gäbe es Blaulichter im freien Verkauf, natürlich gegen ein Jahresgehalt eines Bankdirektors, wären die Dinger innerhalb von Stunden ausverkauft. Das sollte sich der Verkehrsminister mal überlegen. Mit den Einnahmen könnte er die Autobahnen achtspurig machen. Mit dem Ergebnis, daß alle auf der linken äußersten Seite fahren würden.

Nein, die superschnellen Karossen haben keine Chance mehr, die Mazda-Mentalität erfaßt den Mittelklassekapitän, der Pöbel bremst den Adel aus. Es ist purer, gelber, giftiger Neid der PS-losen.

Die Autoindustrie reagiert prompt darauf. Mercedes ist stolz darauf, mitteilen zu dürfen, daß demnächst ein V 12 auf den Markt geworfen wird: 12 Zylinder – 48 Ventile – 400 PS.

Es wird mitgeteilt: »Ein Controller Area Network vernetzt alle Informationsgeber und -nehmer im Fahrzeug.«

Der Kapitän muß also nicht selbst feststellen, daß es nicht weitergeht, sondern der CAN-Vernetzer teilt ihm mit: »Achtung! Vor uns Trabbi!« Das ist ein entscheidender Vorteil.

Und wenn es ein paar Meter weitergeht im Stau, ergeben sich weitere Vorteile, nämlich:

»Dem Motor stehen ständig alle Daten zur Verfügung, die für perfekten Motorlauf nötig sind. Der Rechner ermittelt bis zu fünfhundertmal in der Sekunde den jeweils optimalen Zündzeitpunkt – für jeden Zylinder einzeln!«

Nun steht er aber im Stau. Aber wenn er fahren *könnte*, dann kämen die Vorteile dieses Supersystems voll zur Geltung.

Die Zeitung »high tech« erklärt das: [Alle bisherigen Systeme] hatten eine »sozialistische Zündung«, bei der der schlechteste Zylinder die Leistungsausbeute des Motors bestimmt. Viel schlauer reagiert die zylinderselektive Zündung im neuen Mercedes V-12-Motor, was die Mercedesleute als »kapitalistische Zündung« bezeichnen...

Ja, nun steht er aber im Stau. Mit 400 PS hinter einem mickrigen 15 000-Mark-Schlitten!

Es soll schon Wartezeiten geben für diese vernetzte Rakete.

Da schleicht sich also durch die Hintertür der Sozialismus wieder ein, und in Wirklichkeit ist es eine kapitalistische Fehlzündung.

Könnte es sein, daß diese hervorragenden Tüftler, Bastler, Erfinder – eine unverschämte Unterstellung, ich weiß – das Auto ad absurdum führen wollen? Vielleicht fahren sie alle grundsätzlich mit der Bahn?

Möglicherweise sind sie schon einen Schritt weiter und wollen nach der vollzogenen Totalmobiliserung das Volk helicoptern?

Sicher gibt es schon Pläne für den fliegenden Rucksack im unteren Luftbereich.

Die Zeit dafür ist reif. Und weil ich wieder recht haben muß, verweise ich auf einen Text, den ich vor 18 Jahren zusammenphantasiert habe.

# ENDSPURT

Allen Mitmenschen, die in den nächsten Sommertagen mutig genug sind, mit ihrem Automobil die wohlverdiente Reise in den lockenden Süden anzutreten, möchte ich, ob sie nun von Bad Segeberg, von Kassel, von Neustadt, Nienburg oder von Cloppenburg aus starten, die letzten Tonbandaufzeichnungen einer verschollenen Urlauberfamilie aus Westfalen mitteilen.

**Dienstag, 12. Juli**
Befinde mich mit meinem Wagen zwischen Leuchtenbergring und Bad Schachener Straße in München. Von hier aus ein herzlicher Gruß an Euch Lieben in Lünen!
Am Sonnabend den 9. Juli sind wir morgens zwei Meter dreißig vorgerückt. Seitdem bewegt sich die Schlange keinen Zentimeter mehr vorwärts.
Woran es liegt, kann keiner sagen. Manche behaupten, es wäre ein Auffahrunfall hinter Innsbruck. Andere sagen wieder, einem Zollbeamten am Brenner wäre schlecht geworden.
Mutti wird unruhig und fragt immer wieder, wie weit es noch bis zum Gardasee ist. Udo fragt immer wieder: »Sind wir bald da?« Wir haben jetzt schon alle Spiele mit ihm gespielt, die wir aus dem Fernsehen kennen.
Seit zwei Stunden spielt er mit den Kindern des Nach-

barautos. Nette Leute, die bloß einen einfachen Volkswagen haben, aber gar nicht dumm.
Mein Vordermann ist ein ekelhafter Kerl, der dauernd hupt!
Hat eine Münchner Autonummer und will nicht nach Österreich und nicht nach Italien. Er wohnt hier gleich um die Ecke. Jetzt schimpft er schon seit drei Tagen auf die Preußen, die alles vollmachen.
Seine Frau bringt ihm immer warmes Essen. Aber er gibt keinem was ab. Ekelhafter Kerl, der nicht einmal einen Schnaps von uns annimmt, weil er noch fahren muß, sagt er!

**Mittwoch, 13. Juli**

Befinde mich mit meinem Wagen zwischen Leuchtenbergring und Bad Schachener Straße. Mutti fragt immer wieder, wie weit es noch bis zum Gardasee ist.
Wegen Udo haben wir Krach gekriegt mit dem Münchner vor uns. Udo hat an sein Auto gepinkelt. »Des kimmt davo, daß die Eltern an Schnaps saufen!« hat er gesagt.
Ich habe ihm gesagt, daß ich das überhaupt nicht logisch finde. Das ist ihm egal, hat er gesagt, er will Schadensersatz.
Dem Auto, das Sie da haben, habe ich gesagt, schadet es nicht, wenn man's hin und wieder anpinkelt!
Da hat er plötzlich gegrinst und gesagt: »Was versteht a Preuß von am Auto.«
Die Toilettenfrage wird zum Problem. Es riecht schon weniger nach Benzin. Mein rechter Nachbar hatte eine Idee. Er ist einfach in ein Wohnhaus gegangen und hat

den Leuten Geld angeboten, daß er mal darf. Das machen jetzt bald alle, und so verdient die ganze Straße an uns.
Morgen ist ein Staugottesdienst am Leuchtenbergring.

**Donnerstag, 14. Juli**
Schön, daß das Leben immer wieder für Abwechslung sorgt. Vor uns in der Schlange hat es Krawall gegeben. Ein Autofahrer hat gemerkt, daß während der Wartezeit sein Urlaub abgelaufen war, und versuchte zu wenden! Jetzt wird er gerade vom Roten Kreuz verbunden.

**Freitag, 15. Juli**
Befinde mich zwischen Leuchtenbergring und Bad Schachener Straße. Der bayerische Innenminister hat uns aufmunternde Worte zugeworfen. Von einem Hubschrauber der Polizei aus. Er meinte, es wird sich alles lösen. Jetzt sind wir sehr beruhigt. Bayern ist ein schönes Land. Ich hoffe, daß wir es alle noch einmal sehen.

**Samstag, 16. Juli**
Befinde mich im Krankenhaus rechts oder links der Isar. Ich bin sehr unruhig. Mutti kann doch nicht fahren, und einer muß an den Gardasee, wenn es weitergeht.

**Sonntag, 17. Juli**
Befinde mich wieder Leuchtenbergring – Bad Schachener Straße. Habe mein schönes, fast neues Auto heute verkauft und ein viel älteres gekauft. Das steht 200 Meter weiter vorn.

Ihr Lieben in Lünen! Wenn ich auf diese Weise mit Mutti und Udo am Gardasee bin, schreibe ich Euch!

**Mittwoch, 20., was weiß ich**
Schachenberg-Leuchtendings – Auto verscheuert – zwei Flaschen Schnabberawings am Arsch der Schlange – Gardasee kannze verjessen, alles trocken, haben Terroristen den Stöpsel rausgezogen – Mutti abgehaun, Udo mitgenomm – schlage mich durch nach Westfalen! Ende der Durchsage…

Es war nicht herauszubekommen, wo der Mann dann abgeblieben ist. Viele Familien zerschellen an ihren Urlaubsabenteuern. Inzwischen ist auch diese Urlauberfalle weitgehend abgebaut worden. Man hat sie weiter aus der Stadt herausgelegt. Die Straßenschlachten haben nur einen zusätzlichen Reiz dadurch gewonnen, daß nun starke Panzerverbände … sagen wir motorisierte Divisionen aus dem Raum Leipzig, Dresden, massiv in das Geschehen eingreifen. Tausende und Abertausende von Golfs kämpfen mit den Alten-Länder-Limousinen um die Vorfahrt zum Badeöl an der Adria.
Die ersten Schießereien finden statt. Planierraupen ebnen den Weg ein für die Polizeifahrzeuge und Krankenwagen, Hubschrauber setzen sich auf Dächer von Omnibussen.
Um 5 Uhr 23, an einem Donnerstag – langes Wochenende durch einen Feiertag am Mittwoch –, meldet das Deutsche Fernsehen: »Nichts geht mehr. Sämtliche Straßen und Autobahnen melden stehenden Verkehr. Stoßen Sie nicht zurück, hinter Ihnen steht einer. Die Garageneinfahrten sind blockiert. Die Städte melden zehn Zentimeter Be-

wegungsspielraum in sämtlichen Straßen. Verlassen Sie Ihr Auto, kehren Sie nach Hause zurück und informieren Sie sich über den Fortgang des Geschehens über Ihre Informationsmittel.«
Der Krisenstab tritt zusammen. Zunächst wird zwischen den Parteien heftig über dessen Zusammensetzung gestritten. Der Kanzler ist gelassen und stellt fest, daß 51,4 Prozent aller verursachenden Autos von Sozialdemokraten besetzt seien. Der Oppositionsführer kontert, das wäre das erste Mal, daß eine Mehrheit der SPD zur Kenntnis genommen würde. Der Kanzler wird wütend und ruft: »Gehen Sie doch jetzt in die Toskana, wenn Sie noch können!«
Der Oberliberale erklärt: »Wenn Sie die Schuld auf die Autoindustrie schieben wollen, dann sage ich jetzt schon: Das geht mit uns nicht!«
Der Sozialminister lamentiert, er wäre immer schon der Meinung gewesen, daß die Leute zuviel Urlaub hätten.
Bewegung entsteht dadurch, daß ein nachdenklicher Staatssekretär fragt, es gäbe doch auch den Anfang einer Schlange, wieso man diese Leute nicht ermuntern könne, vorübergehend ins Ausland auszuweichen.
Da schnappt der Finanzminister zu: »Hätte man, wie wir es vorgeschlagen haben, das Grundgesetz geändert, hätten wir nicht diese Situation, denn da stünde man an allen Grenzen nicht denen gegenüber, die hereinwollen! Asylanten mit Auto, was sonst?«
Nach 38 Stunden kommt man zu folgender Regelung: Die Autos bleiben stehen, wo sie sind. Fahrerinnen und Fahrer – um den Zusatz »FahrerINNEN« wurde hart gerungen –, die sich mit ihrem Wagen weit außerhalb ihres Wohngebietes befinden, also zwischen Husum und Kiel, erhalten einen

Rückreisevergütungsbonus, desgleichen einen verbilligten Besuchertarif, falls sie ihr Auto an den Wochenenden waschen möchten.
Nicht auszuschließen sei auch, daß die Besitzer dort ihr Wochenende verbringen möchten. Dafür sei volles Verständnis vorhanden.
Autoeignern, die freiwillig bereit seien, ihren Wagen mittels eines Hubschraubers zu entsorgen, bekämen Reiseerleichterungen, wenn sie der Bestattung auf einem nahe gelegenen Autofriedhof persönlich beiwohnen wollen.
Soweit der Stand der Dinge.
Aber wie sich der Mensch doch immer wieder aus tiefster Not erhebt, zeigt die Bemühung der Autoindustrie. Die Werbeagentur einer Stuttgarter Großfirma beschwört ihre Kunden:
»Wollen Sie wirklich einen alten, unzeitgemäßen Wagen auf Ihrem weithin sichtbaren Stauplatz stehen lassen? Rufen Sie uns an. Wir entfernen Ihren alten Wagen und ersetzen ihn durch unseren V 12 – 400 PS mit einer Steuerermäßigung von elf Prozent!«

# BESSERWETZIS

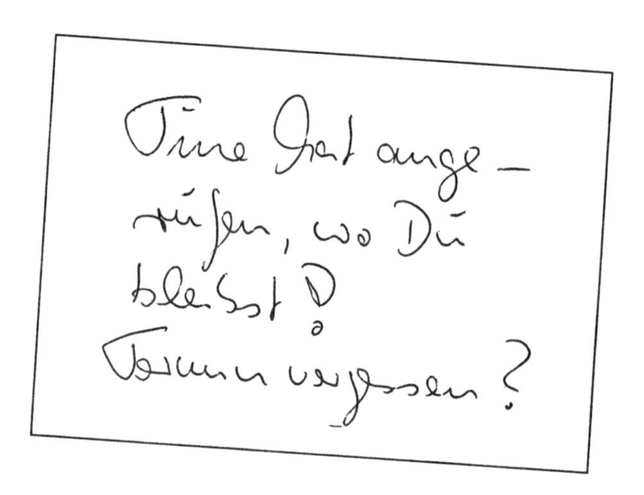

Schreck, Schuldgefühl, Ärger und sofort nachdenken über eine Ausrede. Stau am Leuchtenbergring? Glaubt mir keiner um diese Tageszeit. Pflaster auf die Stirn kleben und Unfall vorschützen? Zu simpel, glaubt mir keiner.

Verdammt, sonst bin ich doch eigentlich zuverlässig. Naja, wenn man von der Geschichte absieht, als ich abends von einem Veranstalter angerufen wurde, ich mich meldete und er verdächtig still wurde.

»Hildebrandt?«

» - - - - - «

»Ja, hier Hildebrandt, wer ist denn da?«

»Von wo melden Sie sich denn?«

»Was für eine Frage! Sie haben mich doch angerufen!«

»Sie sind also in München?«
»Ja, zum Donnerwetter, natürlich! Wer ist denn da?«
»Langendorf.« Und das mit Grabesstimme.
»Ach, Herr Langendorf! Freut mich, Sie zu hören, wie geht's Ihnen?«
»In diesem Augenblick sehr schlecht.« Noch tiefer unter der Erde.
»Das tut mir leid. Was fehlt Ihnen denn?«
»Sie.« Leicht aggressiv.
»Das klingt sehr schmeichelhaft. Sind Sie in Not? Kann ich Ihnen irgendwie helfen?«
»Es ist 19 Uhr 30. Das könnte zu spät sein.« Stark resigniert.
»Das tut mir leid. Wo sind Sie denn?«
»Da, wo Sie auch sein sollten. In Kulmbach.«
»Da bin ich doch sowieso in vier Wochen.«
»Das ist heute.«
»Bitte?«
»Der Saal ist ausverkauft. Die Leute warten.«
»Machen Sie jetzt keinen Ärger!«
»Den machen Sie, mein Lieber.«
»Was kann ich denn dafür, daß die Leute in Kulmbach an einem falschen Tag ins Theater gehen!«
Er hatte recht, ich war um einen ganzen Monat zu spät dran. Ein Glück, daß die Menschen Nachsicht mit mir hatten. Eine Woche später fand die Veranstaltung doch noch statt. Es kommt immer wieder vor, ich bin nicht der einzige. Hugo Strasser erzählte mir, er sei einmal mit einem riesigen Bus mit seinem ganzen Orchester ein *Jahr* zu früh in Zürich angereist.
Aber jetzt habe ich schon wieder einen Termin versäumt! Warum immer ich? Warum kommen die anderen nicht mal

später? Schließlich bin ich der Älteste. Wäre ich Korvettenkapitän geworden, brauchte ich gar nicht mehr zu arbeiten. Da sitzen sie jetzt rum, zerreißen sich das Maul. Wenn ich dann abgehetzt und abgewetzt ins Büro stürze, grinsen sie, und dann muß ich mich auch noch entschuldigen!
Auf ihre Verantwortung fahre ich jetzt natürlich kriminell schnell ... siehst du? Schon passiert. Kelle raus – Polizei am Fenster – Führerschein, Fahrzeugpapiere – es ist nicht mein Tag. Und dieser Polizist hat eine *Ruhe!* Als ob der nichts anderes zu tun hätte! Nett ist er auch noch!
Ich, mühsam beherrscht: »Ich bin zu spät.«
Er, locker, lässig: »Sie sind zu schnell.«
Ich, patzig: »Eben. Weil ich zu spät bin.«
Er, grinsend: »Die meisten Fahrer, die ich angehalten habe, sagen das. Wissen Sie warum?«
Ich, rausplatzend: »Weil sie zu spät losgefahren sind.«
Er, milde: »Eben. Denken Sie dran. Wenn Sie morgens eilig aufwachen, sagen Sie sich: Tu langsam – heute muß es schnell gehen.«
*Die* Philosophie hat mir noch gefehlt.
Dann betrete ich das Büro, niemand macht einen Witz, alle schauen mich an, als hätte ich eine Gipfelkonferenz verpaßt, keiner glaubt mir die Sache mit dem Polizisten. Ich fühle mich ungerecht behandelt.
Kann mir doch keiner weismachen, daß nicht sogar der Genscher mal an einem falschen Tag im falschen Land gewesen ist. Das hat nur keiner gemerkt!
Um mich herum wetzen sie alle zu irgendwelchen Terminen. Sogar an Feiertagen habe ich manchmal das Gefühl, daß die an mir vorbeiheulenden Motorradfahrer sich ganz schnell woanders langweilen wollen.

An Wochentagen muß es noch schneller gehen. Morgens muß der Geschäftsmann nach Köln, mittags zurück, abends nach Leipzig, Nachtzug nach Nürnberg. Und mit Mühe können sie sich noch unterwegs überlegen, was sie eigentlich von ihrem Geschäftspartner wollen. Wenn jetzt die Flugzeuge noch schneller werden und die Züge bald so schnell wie die Flugzeuge und man einkalkuliert, daß man zwischendurch müde wird, könnte es sein, daß die Zeit dafür zu knapp wird, um sich einen Plan zu machen, was man dem Geschäftsfeind sagt, wenn der etwas sagt, woraufhin man sofort sagen müßte, was man sich ausgedacht hat für den Fall, daß er das sagt. Ein Zug, der 400 Stundenkilometer fährt, bringt möglicherweise zwei Diskutanten so schnell zueinander, daß sie sich gegenseitig ihre Unvorbereitetheit gestehen müssen. Weil sie aber sofort zum nächsten Termin wetzen müssen, ist ein zweites Treffen erforderlich. Das verdoppelt die Kosten. Vanderbilt soll einmal zwei Tage und zwei Nächte in seinem Büro gegrübelt haben, bevor er die Schiffsreise nach London abgesagt hat. Man soll nichts überstürzen, soll er gemeint haben. Das ist ein Gerücht, das ich da in die Welt setze, aber Gerüchte holen einen immer ein.
Daß Banker ganz, ganz langsam ihre Entscheidungen treffen, haben wir, das Ensemble der Münchner Lach- und Schießgesellschaft, einmal Auge in Auge mit ihnen erleben dürfen. Sammy, der Schnellerwetzi, schickte uns in eine Arena in Düsseldorf. Wir spielten dort ein Programm, das sogar der rheinischen Presse gute Kritiken entlockt hatte, gingen guten Mutes ins Gefecht, sahen aber schon nach dem ersten Satz, daß wir einen Sonderfall zu bearbeiten hatten. Vor uns lagen ungefähr 60 ältere und zwar nur Herren in bequemen Stühlen, alle in düsteren Gewändern mit langweiligen

Schlipsen und ihre Gesichtszüge so geordnet, als hätten sie sie bereits abgeheftet. Sie wirkten wie abgeschlossene, verlassene Häuser. Eines dieser Häuser muß zwischendurch gehustet haben. Nach einer Stunde waren wir nicht mehr ganz sicher, ob sie überhaupt lebten. Der Verdacht kam auf, daß sie vielleicht ausgestopft sein könnten. Aber als wir fertig waren, standen sie auf.
Es handelte sich um ein Gastspiel im Düsseldorfer Industrie-Club. Diese Leute reisen nicht mehr, sie lassen andere wetzen. Und die tun es mit sichtlichem Elan. Zunehmend begegnet man ihnen in schnellen Zügen. Das Vertrauen in die Luftfahrt scheint sie verlassen zu haben. Ich kann es ihnen nachfühlen. Bei der blitzartigen Eröffnung des Flughafens Erding in der schwer erreichbaren Nähe Münchens ist wohl vielen klargeworden: Fliegen ist nach Seefahren die zweitlangsamste Fortbewegungsart.
Daß so ein Flughafen weit außerhalb der Stadt liegt, halte ich für vernünftig. Leider müssen sie bei der Planung vergessen haben, daß sie mit Fluggästen zu rechnen haben. Eine perfekte Stadt, die sie da in die Rüben gesetzt haben. Glitzernd, gläsern, imposant. Eine künstliche Insel. Leider haben sie nicht an die Boote gedacht. Die S-Bahn fährt dreimal pro Stunde, so als würde sie Großdingharting bedienen, das Taxi kostet 100 Mark. Die Spesenflieger sind wieder unter sich.
Die lange schon roten Zahlen der Lufthansa werden von Stunde zu Stunde röter. Natürlich, liebe Leser, ist das bis zu dem Tage, an dem Sie das Buch vor sich liegen haben, längst bereinigt, der Irrtum erkannt, die Fluggäste glücklich und zufrieden, aber der Respektverlust gegenüber perfekten Planungen hat sich vervielfacht. Berlin plant einen neuen Großflughafen. Vorsicht! Ich tippe auf Neuruppin und bin

ziemlich sicher, daß es dieselben Leute sind, die ihre Berliner Fluggäste in den Sand setzen, in den märkischen. »Fliege hoch, du roter Adler...«, tut er sicher auch, aber mit 95 Minuten Verspätung, weil der Vogel leer ist und warten muß, bis sich die Fluggäste durch die märkischen Kiefern gekämpft haben.
Es läuft alles an uns vorbei. Wir sind Anhalter, und der Fortschritt hält nicht an.
Erding wirkt wie ein UFO-Headquarter. Verwegen wie ich bin, wenn ich nicht nachdenke, habe ich Tage nach der sensationellen Premiere einen Flug nach Berlin gewagt.
Mit dem Auto hinausgefahren ins Moos. Wahnsinn! Ein Heer von Polizisten, die offenbar beauftragt waren, einen Teil der Kosten für dieses Franz-Josef-Strauß-Ehrendenkmal durch Strafzettel innerhalb einer Woche wieder einzutreiben.
»Entschuldigen Sie, wo...?«
»Hier nicht. Verlassen Sie diese Ebene.«
»Moment...«
»Keinen Moment länger.«
»Parken! Hee, parken wo?«
»Umkreisen Sie diesen Gebäudekomplex, halten Sie sich links an P 3/4 und fahren Sie bei P 1 ein.«
Na bitte. Gesagt, gefahren. Aber schon gedämpft, leicht eingeschüchtert. Tiefgarage gefunden – weiß, ganz weiß, hier hat einer Ehrgeiz gehabt, der eigentlich die Semper-Oper gern gebaut hätte, jedenfalls die Preise sind daran orientiert. Aber wie komme ich hier wieder raus? Die Türen sind dort, wo man sie nicht vermutet. Es gelingt. Zeitverlust acht Minuten. Wo bitte sind die Abfertigungsschalter der LH? Der Blick des Kundigen schweift weit in die Ferne. Aha,

Rollband. Funktioniert im Augenblick nicht. Hopphopp-hopp, das frisch gewaschene Hemd riecht schon.
»Wo bitte ist...?«
»Im nächsten Modul.« Der Blick schweift in die Ferne. Module sind es, aha. Das Rollband funktioniert. Der Schweiß trocknet. Absprung vom Rollband. Falsch gelandet. Am Modul vorbeigerollt. Hopphopphopp. Zurück ins richtige Modul.
Hastig hingesprudelt: »Bin ich noch ... kann ich noch...?«
Beruhigendes Lächeln der Checkwardeß: »Die Maschine hat voraussichtlich eine Stunde Verspätung.«
Weswegen ist nicht zu erfahren. Sie kann es nicht sagen, sie ist nicht schuld. Wen kann man fragen? Niemand. Es ist nie jemand da, den man fragen kann. Entweder es ist nie jemand da, den man fragen kann, oder es ist nie jemand verantwortlich. Letzteres glaube ich langsam.
Die Lufthansa jedenfalls scheint das Prinzip der Bonner Hierarchie vollkommen übernommen zu haben.
Hundert Menschen sehen: Die Maschine ist da, die Piloten sind da, die Fluggäste sind da, aber niemand, der erklären kann, warum es nicht losgeht. Alle sind riesig nett, aber irgendwo hat einer beschlossen, die Maschine ist nicht voll genug, wir verlegen zwei Flüge in einen, und niemand kennt den überhaupt. Inzwischen sind es zwei Stunden Verspätung.
Die Fluggesellschaften müssen damit rechnen, daß sich so langsam der Gedanke breitmacht: es könnte sein, daß wir seit längerer Zeit beschissen werden. Allerdings auf höchstem Niveau! Und das ist gewiß nur preislich gemeint.
Dann doch noch nach Berlin geflogen. Der Kapitän entschuldigt sich. Entschuldigen müssen sich bei diesen Gesell-

schaften immer die, die nichts dafür können, aber Genaueres weiß er wohl auch nicht.
Rückflug 20.30 Uhr. Um 21.30 Uhr wird uns mitgeteilt, daß sich dieser um drei Stunden verzögert. Aufruhr.
Fünfzig Passagiere bedrängen das Abfertigungspersonal, besonders eine offenbar leitende Dame. Gequält, stockend erklärt sie, daß sie auch nichts weiß. Man verlangt nach einer oder einem noch Leitenderen, ich weiß, daß es da keinen Komparativ gibt, aber bei der Lufthansa schon. Leider ist er nicht da.
Zu diesem Zeitpunkt schreien ruhige ältere Herren, Damen stoßen schrille Schreie aus, man fühlt sich veralbert. Mit Recht, denn die Maschine stand da, die Piloten waren da, die Passagiere waren da, kein Schnee auf der Piste, die Rollbahn stand nicht unter Artilleriebeschuß, kein Nebel, nein: Frieden, Mai und kein Stau auf der Rollbahn.
Das Gerücht kam auf: Flugsicherung in München-Erding zusammengebrochen – zu neu, um schon zu funktionieren.
Dann muß doch noch ein Verantwortlicher aufgrund der Schalterdemo eingegriffen haben. Fünfzehn Minuten später steigen wir in die Maschine und fliegen ab. Der Kapitän meldet sich, entschuldigt sich für die kleine Verzögerung. Man flöge nun einen kleinen Umweg an der polnischen Grenze entlang. Leichtes Befremden und Schütteln des Koppses seitens des Passagiers Jobses, heißt also über Prag oder wie?
Der Kapitän muß einen kürzeren Weg gefunden haben, denn er brachte uns in der normalen Flugzeit in München zu Boden.
Der Flughafen war noch nicht geschlossen. Damit hatte keiner mehr gerechnet.

# LUFT FÜR EINE HALBZEIT

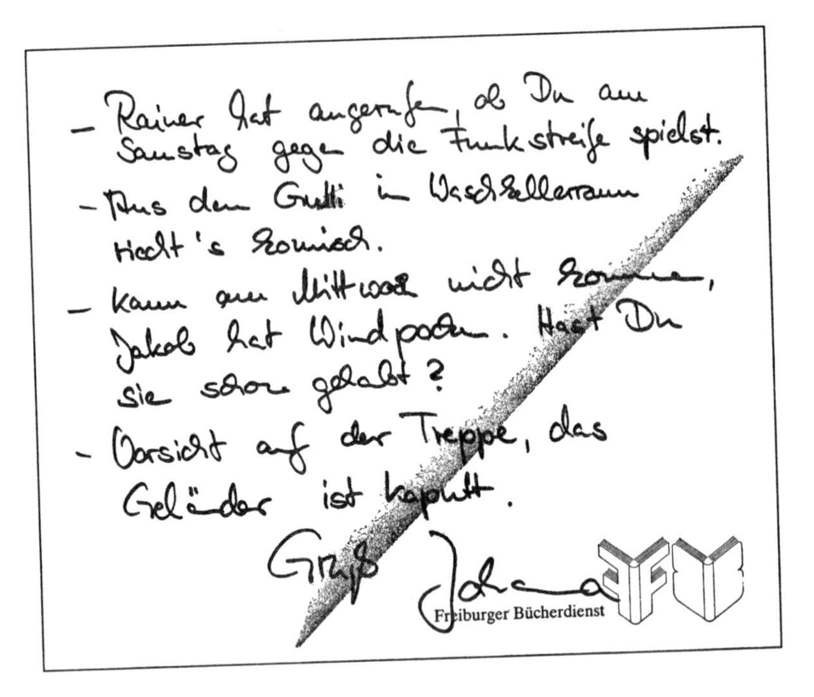

- Rainer hat angerufen, ob Du am Samstag gegen die Funkstreife spielst.
- Aus dem Gulli im Waschkellerraum riecht's komisch.
- Kann am Mittwoch nicht kommen, Jakob hat Windpocken. Hast Du sie schon gehabt?
- Vorsicht auf der Treppe, das Geländer ist kaputt.

Gruß Johanna



Johanna ist das Beste, was uns passieren konnte. Als Irenes schwere Krankheit es erforderte, jemanden zu finden, der uns wenigstens einmal in der Woche zu helfen bereit war, stand sie eines Tages vor uns, sagte ein paar Sätze, und es gab keinen Zweifel mehr daran, daß der Fehler bei uns gelegen hätte, wenn sie wieder gegangen wäre. Wir müssen auch nicht schlecht abgeschnitten haben. Sie hat blaue Augen

wie zwei Scheinwerfer, lacht nicht, wenn sie nicht muß, lacht, wenn sie muß, mit dem ganzen Körper, verbreitet Vertrauen, verschweigt ihre Intelligenz nicht, plant alles sorgfältig (zwei Kinder), ist kritisch, hat Verständnis für meine Zettel und bügelt meine Hemden wie eine Weltmeisterin. Eine Frau zum Küssen, aber das tut ihr Mann Wolfgang. Johanna hat einen Schlüssel für dieses Haus, und sie hat ihn lebenslänglich.
Aber nun zu diesem Zettel. Langsam. Ich soll beim F.C. Schmiere, oder F.C. Sammy besser gesagt, gegen die Funkstreife den Fußball bewegen, wenn er sich hie und da bei mir verirrt. Das tut er selten, weil es ja in unserer Mannschaft Spieler gibt, die genau wissen, wem sie ihn möglichst nicht überlassen dürfen, aber immerhin bin ich verpflichtet, mich parallel zu ihm zu bewegen. Ich erlaufe mir eine Schußgelegenheit und bin sicher, in meinem Gegner die Sorge geweckt zu haben, daß ich ein Tor zu erzielen in der Lage gewesen wäre, hätte ich den Ball bekommen! Viele Spieler in der Bundesliga verdienen auf diese Weise ihr Geld.
Wahr ist, daß ich als Torjäger eine lebenslange Enttäuschung für mich bin. Es kann damit zusammenhängen, daß ich immer schon ein tiefes Verständnis für die Verzweiflung von Torhütern hatte, denen man, und nun verwende ich mal den Metaphernreichtum der Reporter, »die Pille ins Allerheiligste getrudelt hat«.
Gut, meine Wirkungslosigkeit auf dem Spielfeld ist garantiert, aber irgendwann erziele ich doch das Tor meines Lebens! Rückwärts in der Luft liegend – mit dem rechten Fuß in das linke obere Dreieck! Es muß nur jetzt bald passieren. Also spiele ich gegen die Funkstreife. Wegen Geschwindigkeitsüberschreitung werden sie mich nicht blitzen können.

Fraglich nur, ob ich die Luft für diese 90 Minuten haben werde. Es hat schon einmal einen Fall gegeben, der bis zum heutigen Tage nicht aufgeklärt worden ist. Der Trainer des Fußballclubs SV Waldhof hat in einer Pressekonferenz gesagt:
»Meine Jungs hatten nur Luft für eine Halbzeit.«
Wieso eigentlich, fragte man sich, denn der SV Waldhof-Mannheim war damals erstklassig, und Zeit, um seinen Jungens die Luft für die zweite Halbzeit anzutrainieren, war da. Es lag nicht an den Jungens, es lag an der Luft.
Das hat die Mannheimer Bevölkerung auch gerochen. Sie hat eine Schnüfflerkommission engagiert, die in der Stadt herumgerochen hat. Berufsnasen, die einen Stinkeatlas zusammengestellt haben. Die Schnüffelkategorien lauteten: muffig – fischig – ranzig – stechend – teerig – ölig – sauer – faulig. Platz eins in der Nasenhitparade: faulig.
Der Verursacher BASF (Bayer, Hoechst, Dow Chemical, Dynamit Nobel, Wacker-Chemie tun das Ihrige woanders) hat zunächst mit großem Wohlwollen dem Nasentreiben zugeschaut, bis die Schnüffler feststellten, daß sich die Krebsfälle dort häuften, wo es nach ihrem Geruchsjournal am faulsten roch. Da paßten den Verursachern die Nasen der Schnüffler nicht mehr.
Man muß als Schnüffler eben auch eine Nase dafür haben, wo es denen stinkt, die von der Luft, an der andere sterben, leben.
Irgendwann haben wir alle nur noch Luft für eine Halbzeit.
Tröstlich ist immer wieder, daß sich die Natur durch gut formulierte Sätze beeindrucken läßt.
Als mir beim Nachdenken über diesen Vorgang die Luft wegzubleiben drohte, las ich zur Beruhigung den Ausspruch

von Marianne Strauß: »Das Jammern über Umweltbelastungen und -schäden ist eine Modeerscheinung. In zehn Jahren spricht kein Mensch mehr darüber.«
Da habe ich durchgeatmet. Erleichtert. Ich habe nie an das geglaubt, worunter ich leide.
Es ist ja nicht so, als ob nichts getan würde. Nein nein. Vor zehn Jahren teilte der nordrheinwestfälische Minister Farthmann etwas, wie es hieß »von herausragender gesundheitspolitischer Bedeutung«, mit. Er sagte:
»In Zonen mit hoher Luftverschmutzung weisen überdurchschnittlich viele Menschen Symptome von Gesundheitsschädigungen auf.«
Das ist doch was. Man muß nur lange genug darüber nachdenken, dann kommt man schon zu Ergebnissen.
Nun könnten ja Minister, die geschworen haben, Schaden vom Volk abzuwenden, zu den Verursachern gehen und ihnen mit Gesetzen drohen, die sie durchzusetzen nicht vermocht hatten. Das Mittelalter war fortschrittlicher. Da galt als Grundgesetz: Wer das Wasser vergiftet, verdient die Höchststrafe. Wenn das Luftholen damals schon so gefährlich gewesen wäre wie heute, hätte man die Brunnen- und Bronchienvergifter an den Pranger gestellt. Aber leider ist es wie mit der Verantwortlichkeit auf Flughäfen. Während man noch mit dem Finger auf einen Schuldigen zeigen möchte, richtet der seinen Finger schon auf zwei andere, die ihrerseits mit den Achseln zucken. Dann geht die Türe auf, das ist aber nur der »Sprecher«, und der kann auch nichts dafür, wie ja überhaupt die ganze Last der Verantwortung auf den Sprechern liegt. Die erklären erst einmal, daß alles gar nicht so ist, wie es dargestellt wurde, weisen energisch zurück und drohen mit Anwälten und hohen Streitwerten. Journa-

listen zählen dann ihr Geld, erkennen leicht, daß es zu wenig sein wird, und zucken zurück. Der Chefredakteur – nehmen wir einmal an kein Hasenfuß – will die Geschichte, verlangt aber, die Angeklagten müßten befragt werden und zugeben, daß sie beispielsweise seit zwei Jahren Tabletten auf den Markt geworfen haben, die zu Todesfällen führten. Das verschleppt die Recherche erheblich.
Nachfrage im Gesundheitsministerium. Der Sprecher weiß von nichts. Wenn der Sprecher nichts weiß, weiß der Minister auch nichts. Stand die Tablette auf der Verbotsliste? Das schon, meint der Sprecher und ist die Verantwortung los. Also der Apotheker. Der Apotheker meint, sie hätte nicht auf der Liste gestanden. Der Sprecher des Ministeriums droht mit Anwälten. Der Apotheker zuckt zurück. Durch geschicktes Herumfragen gerät der Journalist an den zuständigen Beamten, der keinen Sprecher hat, nachblättert und feststellt, daß die Tablette erst nach den Todesfällen auf die Liste gesetzt wurde.
Der Journalist ist frohgemut, fragt seinen Chefredakteur, ob das genügt. Der ist tief beeindruckt, verlangt aber, daß der Minister gefragt wird, ob diese Mitteilung seines Beamten in Ordnung ist. Der Minister ist in Buenos Aires bei der Weltgesundheitskonferenz. Es antwortet der Sprecher. Der weist alles zurück. Der Beamte hätte weit über seine Kompetenz hinaus gehandelt, alle Welt wisse, daß Medikamente, bevor sie auf den Markt kommen, *eingehend* geprüft würden. Dieses System, meint er, habe sich tadellos bewährt, und er verweist auf zahllose Fälle, bei denen nichts passiert wäre. Ehrgeizige Sensationshascher sind es, die auf dem Rücken der schwer an ihrer Verantwortung tragenden Übelverhinderer ihre widerwärtigen Lügen verbreiten, meint er. Dabei möchte er

auch endlich einmal und ein für allemal die pharmazeutische Industrie in Schutz nehmen, die offenbar auf der Liste der stoffsuchenden Journaille steht. Klischeewitterer in der seriösen Presse nehmen den Gedanken auf. Der Beamte im Gesundheitsministerium steht auf der Liste. Der Mann des verstorbenen Opfers betrinkt sich mit den Journalisten.
Das Schutzsystem der staatlichen Kriminalität ist perfekt. Sprecher sind die Knautschzone der gewählten Halbgötter. Sollte ich mich mal mit einem Hämbörger teilzeitvergiften, hätte ich es anschließend sicher mit einem Sprecher dieser Fraßflutindustrie zu tun.
Den lieben Gott anzurufen hat auch keinen Sinn, dann meldet sich nicht einmal der Sprecher, sondern der Sprecher des Vatikans, nein, nicht einmal der, sondern das Vorzimmer des Sprechers, der mir verspricht, er würde Fürsprache für mich einlegen, daß ich mit dem Sprecher sprechen kann, der den Sprecher des Vatikans kennt, der mir eine Audienz mit dem eigentlichen Sprecher Gottes vermittelt, mit Wojtyla. Mein Respekt vor diesem Menschen, der es auf sich genommen hat, der Vernunft den Kampf anzusagen, mit vollem Bewußtsein den Zahlen zu trotzen, die er kennt, diesen Zahlen den Glauben entgegenzusetzen, daß sie nicht stimmen, denn Gott kann es so nicht gewollt haben, hält mich davon ab, ihn für den Schadensverursacher zu halten, der er wäre, wenn er diese Zahlen glauben würde. Aber er glaubt, daß ein neuer Mensch ein neuer Katholik ist. Es kann nur so sein, sonst würde er Verhütung predigen lassen. In Wirklichkeit vermehren sich die feindlichen Glaubensbrüder mit doppelter Geschwindigkeit.
In 900 Jahren beträgt die Erdbevölkerung 60 Trillionen Menschen! In Zahlen: 60 000 000 000 000 000.

Alle 37 Jahre verdoppelt sich die Weltbevölkerung.
Ein Papst, der angesichts dieser Zahlen immer noch darauf beharrt, man müsse Verhütungsmittel verbrennen, vernichten, verteufeln und verhexen, mag zwar mächtig sein, aber nicht seiner Sinne. Denn hier kann man ja wirklich behaupten: Das Boot ist voll. Und ich meine, und das Bild muß bei allem Respekt erlaubt sein, Papst Wojtyla als jesusmäßiger Bootsgeistlicher, der zwischen den Wellen die Richtlinien ordentlicher Fortpflanzung verkündet, hat etwas Groteskes. Vernünftig dagegen erscheint das Beharren auf der Weiterführung der Raumschiffahrt. Das mag kosten, soviel es will, es macht einen Sinn. Wissenschaftler sind sich einig, daß man mit unserem Know-how ferne Planeten lebensfähig gestalten kann. Die Frage ist nur, wie die großen Entfernungen bewältigt werden. Mindestens 50 Jahre dauert die Reise zu einem relativ unverbrauchten Planeten. Die Mannschaft eines Raumschiffes müßte also während der Reise einmal ausgewechselt werden. Wer mit zwanzig losfährt, kommt mit siebzig an. Babys müßten mitgenommen werden, die vom ersten Tag an zu Raumschiffern erzogen werden.
Für normale Passagiere bliebe nicht viel Platz, und die dürften sich während der Reise nicht vermehren, müßten verhüten. Gute Katholiken hätten keine Chance. Es gibt kein Entkommen für sie. Keine Entscheidung zwischen Mars und Memmingen. Auch keine Lösung. Außerdem erzeugt Raumfahrt Wärme. Die Erde hat Fieber, sie glüht und braucht einen Wickel. Aber die Energie, die entwickelt wird, um sie zu retten, erzeugt wieder Wärme. Das Herstellen von Eis erzeugt Wärme. Der Mond schafft es nicht mehr, die Sonne siegt.
Seit 30 Jahren hängt über meinem Schreibtisch ein Zettel:

»Daily Prayer. Lord, help me to keep my big mouth shut until I know what I am talking about.«
Dafür gäbe es eine Reihe von Übersetzungen: Lieber Gott, hilf mir, nicht über das zu reden, wovon ich nichts weiß.
Oder: Großer Gott, ich kann mein großes Maul nicht halten, hilf mir, daß ich nicht auch noch recht behalte.
Oder: Gott, Du Gerechter! Ich weiß, daß ich nicht viel weiß, aber Du weißt, daß das bißchen schon genügt, um ein großes Maul zu riskieren.
Oder: Lieber Gott, sage mir, daß alles nicht wahr ist, dann halte ich das Maul, das große.
Der Präsident der Vereinigten Staaten, aus Krisenzeiten als Golfspieler bekannt, hält Umweltschützer für terroristische Wachstumsbremser. Help! Lieber Gott, hilf, daß seine Nachfolger nicht die Fieberkurven der Lebensgeschädigten mit den Wachstumskurven von General Motors verwechseln.
Vor allen Dingen, lieber Gott, verschone uns vor Nachfolgern. Es sei denn, Du willst uns vernichten.
Dann würde ich um Gnade bitten für meine Kindeskinder und deren Kinder. Vielleicht ist es Zeit für eine Zäsur. Ein paar Millionen Jahre Ruhe, Auswerten der Erfahrungen, neues Leben, richtig. Daß der Mensch dann in der neuen Konzeption keine Berücksichtigung findet, ist verständlich. Affen sind sozialer. Sie beten nicht, aber sie meinen es ehrlicher.
Gott ist möglicherweise an seinem Ehrgeiz gescheitert.
Weiß der Teufel. Amen.

# GAUBÄNDIGER

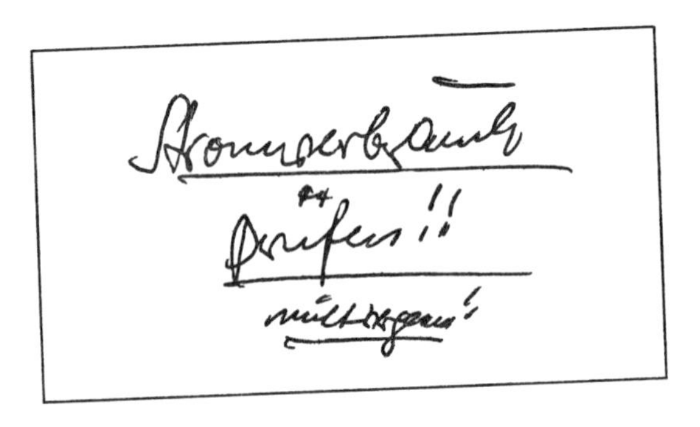

Sie beherrschen es einfach, sie haben es im Griff. Ihnen brennt nichts durch, geht nichts hoch, rutscht nichts weg, fällt nichts runter. Sie geben Interviews, beantworten naive Fragen mit gütigem Lächeln, schlagen Beine übereinander, lassen großzügig Wissen durchscheinen, sind natürlich fabelhaft, schüchtern schon durch die Art ihres Schweigens ihre Partner ein, beantworten neuerdings auch wieder Fragen nach Tschernobyl recht lässig und unerschrocken. Der Energiewissenschaftler Christian von Weizsäcker beantwortet Fragen der »Quick«.

Den Kernenergieaposteln ist 1986 ein Reaktor durchgebrannt. Mehr als zehntausend Menschen sind gestorben, noch immer sterben Menschen an den Folgen. Es durfte festgestellt werden, daß es sich um einen Super-GAU gehandelt hat. Der Wissenschaftler von Weizsäcker gibt das zu, der Leiter des energiewirtschaftlichen Instituts zu Köln gibt zu

bedenken. Daß zum Beispiel die Stromversorgung Deutschlands in ernste Schwierigkeiten geraten könnte, wenn, laut Umfrage, 30 Prozent der Bevölkerung gegen den Ausbau der Kernenergie sind. Politiker müßten ihre Konzeptionen ändern. Fast ein Drittel aller möglichen Wähler hat Zweifel daran, daß deutsche Kernkraftbewältigung weniger lebensgefährlich ist als russische.
Kleingläubig sind sie. Lebende sind ein Beweis, Tote nicht. Der Unterschied zwischen UdSSR und GUS ist gewaltig. Deutsche Kernkaft ist zudem vornehmlich im Privatbesitz. Das macht alles vertrauenswürdiger. Und außerdem »geht schon wieder das Licht aus«, wenn aus der Kernenergie ausgestiegen wird.
Von dem ausgehenden Licht gehen viele Drohungen aus. Der Kühlschrank geht aus, der Fernsehapparat geht aus, die Stadt wird dunkel, die Kriminalität blüht, Taschenlampen haben Konjunktur, es wird Todesopfer geben und Vermögensumschichtungen. Man muß die kriminelle Energie und die Kernenergie gegeneinander abwägen. Verbrecher haben ein Interesse am Ausstieg aus der Kernenergie. Das ist es. Weizsäcker: »Wer Kernkraftwerke in den nächsten 15 Jahren abschalten will, muß mit vier Stunden Stromsperre am Tag rechnen.«
Das ist in der Tat bedrohlich, erinnert an die ersten zwei Jahre nach 1945, an die Tage der Berliner Blockade, läßt allerdings die Frage offen, wieso die deutschen Stromfürstentümer über die Grenzen des Landes hinweg Energie verkaufen. Gibt es mehr davon, als sie zugeben, oder brauchen sie die Angst davor, oder die Gewißheit, daß sie im Notfall nicht bereit sind, zu geben, was sie haben?
Wer verschaukelt hier eigentlich wen? Die Stromfürsten die

Landschafts-
Pfleger

DÜNGE
MITT

Politiker oder umgekehrt? Andererseits sitzen letztere der Kontrolle wegen in den Aufsichtsräten. Kontrollieren sie nun oder rentiert sich das nur?
Als wir uns vor nunmehr zehn Jahren um den unseligen Wasserwurm zwischen Rhein, Main und Donau Gedanken machten, der jetzt bald in seiner ganzen Pracht, landschaftsgestylt wie die Strada del Sole, dem Verkehr übergeben wird, nannten wir die Zahlen, die Höhe der Einkünfte jener Politiker, die im Kanalrat sitzen, woraufhin – und nur daraufhin – es Ärger gab. Der entsteht offenbar nur dann, wenn es ums Geld geht. Um wieviel es dabei ging, haben wir nur am Rande erwähnt. Wichtiger war uns, daß der Brachvogel aus- und die Kanalratte einziehen wird.
Wir müssen den Vögeln dankbar sein, daß sie beim Überfliegen unserer Landschaftsruinen noch nicht einen halben Ton tiefer singen. Die Bauern beginnen sogar schon einzusehen, daß sie wohl nicht die Landschaftspfleger gewesen sind, als die sie von ihren Bauernverbänden gepriesen werden. Der oberste Gaubändiger Bayerns, Peter Gauweiler, hat stolz erklärt, man hätte Feuchtflächen, Teiche, Wiesenrandstreifen und Streuobstbestände geschaffen und erhalten. Und dafür hätte der Staat 36 Millionen Mark bezahlt! Donnerwetter.
Mir, der ich auf einem Bauernhof aufgewachsen bin, wird das erst nach mehrfachem Lesen dieser Mitteilung klar. Wird der Landwirt jetzt dafür subventioniert, daß er darauf verzichtet, in Feuchtflächen, Teichen und Wiesenrandstreifen Getreide zu säen? Was kostet es dann, wenn er darauf verzichtet, seine Kuh zum Bullen zu bringen, um Kalbfleischberge zu verhindern? Möglicherweise bekommt man auch dafür bezahlt, daß man beschließt, nicht Bauer zu werden. Der Bau-

ernverbandspräsident fordert jedenfalls, die Gesellschaft müsse dafür bezahlen, wenn die Landwirtschaft beschlösse, »statt Agrarüberschüssen Auwälder zu produzieren«.
Die Alternativstellung ist verblüffend. Wenn ich schon zu viele Nahrungsmittel herstelle, dann will ich dafür entschädigt werden, daß ich darauf verzichte. Aber Verbandsfunktionäre eilen ihrer Wirksamkeit immer voraus. Darin werden sie nur noch von Politikern übertroffen, die ganze Berufsstände für ihre potentiellen Wähler halten.
Es hat überhaupt etwas Rührendes, bayerische Politiker beim Bauernlegen zu beobachten. Tief verwurzelt schauen sie, als hätten sie selbst noch den Pflug gezogen, den schweren Furchengang legen sie in die Stimme, Kuhaugen machen sie und Dung streuen sie zwischen die Grabreden. 6000 Bauern pro Jahr geben ihren Beruf auf. Sie stehen längst auf der Liste der bedrohten Arten. Ein paar tausend Bio-Bauern gibt es im Lande, die ihnen sagen könnten, wie es dazu gekommen ist. Aber das sind die Roten bei der Grünen Woche. Vielleicht begreifen sie es einmal, die letzten paar Hunderttausend, daß über ihren Äckern schon lange die Geier kreisen. Die Asphaltierer, Betonierer, legitimierten Landräuber. Landwirte wird man eines Tages zum Kunstwerk erklären, ihnen kleidsame Trachten anziehen, sie mitten auf den Hof setzen und auf neugierige Touristen warten lassen. Muh-Kassetten wird man dazu abspielen, also Kuhgeräusche auf Synthesizer-Art, Sprays mit Jaucheduft, dazwischen ein Schluck Milch auf alte Rinderart, dazu Volksmusik mit echtem Brauchtums-Sound, am Schluß ein Schauschweineschlachten mit einer echten Sau und anschließendem gemeinsamen Volkstanz. Selbstverständlich läuten während der ganzen Zeit die Glocken der Dorfkirche.

Ja sicher, diesen Brauchtümeltummelrummelkitsch hat es immer gegeben, aber noch nie hatte er eine so mächtige Lobby. Noch nie ist der schlechte Geschmack so millionenkräftig subventioniert worden. Der Schlager zieht aufs Land, die Dorfschnulzen stürmen die Hitlisten. Beierlein kassiert die Schmerzensgelder: ein hurtiger Münchner Schlaukopf, der Überschwemmungen wittert und sofort die Rechte für die Paddelboote erwirbt. Ganz sicher kann er die Musik nicht ausstehen, die er vertritt, aber das Napalm-Duo aus der Oberpfalz verkauft nun mal ein paar Millionen Platten und Kassetten.
Das zeugt weitere Duos und Terzette, Quartette, Quintette. Es schießt förmlich aus dem Heimatboden.
Die Herzibuberln und die Leberkäs-Gauchos, die Krachmandelsingers, die Nußknacker-Brothers, die Rosenheimer Soundmakers, die Wadlstrumpf-Noisemakers, die Odelgrubensymphoniker. Noch gibt es sie nicht, aber es ist jetzt erst zwei Uhr nachts. Warten wir ab, was morgen ist. Moik ist bereits die Ankündigung des größten anzunehmenden U-Falls. Wenn man die Bauern streichen will, muß man auch ihre Musik vergessen machen. Fortschritte auf diesem Gebiet sind nicht zu übersehen. Blaskapellen überziehen die Fernsehprogramme, marschieren ein mit Rumms-Bumms, ebnen das Niveau gnadenlos ein, bringen Säle zum Mitklatschen, und ein paar Manager erklären das Ganze zur Volksmusik. Eine noch viel raffiniertere Art des Bauernlegens. Und wenn dann diese moderierenden Wischiwaschis zu allem Überfluß noch ihre Mundartwitze dazwischenstreuen, um ganz deutlich zu machen, daß Landbewohner ihrem Hofhund an Intelligenz weit unterlegen sind, dann hat das Volk den Spaß, den es nicht verdient.

Es gibt Widerstandsgruppen. Die christlich-sozialen Bauernleger beobachten sie mit Mißtrauen. Der ganze aufgeblasene Hochglanztrachtenquark wird durch Qualität unterlaufen. Alte Texte werden aus dem Schrank geholt. Texte, die an den Privilegien der Mächtigen zerren, soziale Ungerechtigkeiten ans Licht bringen, bürgerliche Rechte einfordern, die notwendige Spottlust fördern, am Lack der Wohlanständigkeit kratzen und von einer Musik begleitet werden, die der Qualität der Texte ebenbürtig ist. Auch das gehört zur Volksmusik. Gottlob gibt es sie bereits, die Gruppen, in allen Mundarten der Republik. Daß sie nicht subventioniert werden, ist ihr Glück.
In Wackersdorf, als man sich an den Wochenenden noch am Bauzaun traf, haben sie einmal 100 000 Menschen auf ihre Seite gesungen, die Biermösl Blosn. So hoffnungslos ist das alles gar nicht.
Natürlich hat die bayerische Regierung bis heute nicht verwunden, daß sie ihren heiligen Krieg gegen die WAA-Gegner nicht vernichtend gewonnen hat. Dabei hatte sie es doch auf einen Bürgerkrieg ankommen lassen. Aber sie hat die Bevölkerung einfach nicht davon überzeugen können, daß eine Wiederaufbereitungsanlage ungefährlicher ist als zwei Grüne im Landtag.
Seitdem traut sie ihrem Volk nicht mehr. Man hat ein bißchen auf den Bürgerköpfen herumgeprügelt, hat es mit Hilfe des Bayerischen Fernsehens versucht zu blamieren, indem man hilflose Polizisten zeigte, die sich dem Zorn von unbewaffneten oberpfälzischen Bürgerinnen und Bürgern aussetzen mußten, und wie Worte treffen können, weiß man in Bayern. Für eine Weile war diese Regierung beleidigt. Vor allem natürlich durch die Art und Weise, wie ihnen die

Franzosen plötzlich das Geschäft mit der Wiederaufarbeitung aus der Hand genommen haben.
Das Schlimmste war wohl, daß so ein schadenfrohes Lachen in Deutschland aufkam. Über Nacht verschwand Wackersdorf aus den Nachrichten. Da hatte man ein paar Jahre lang die Vorreiterrolle gespielt im Kampf zwischen Charisma und Chaos, hatte magisch sämtliche Krawalleure angezogen, die Frankfurter Startbahn-West-Kloppis an den Wackersdorfer Tatort gelenkt, Polizeieinheiten zusammengezogen, Schützenpanzer in den Wäldern versteckt, Spezialisten entdeckt, die am besten Wasser werfen konnten, Verfassungsschützer im Kreise Schwandorf eingemietet, die nach kurzer Zeit aber auch jeden Wackersdorfgegner auswendig kannten, da hatte man versucht, den gegnerischen Landrat Schuirer vom Stuhl zu schubsen, die Presse auf den falschen Fuß zu schicken, Bürger einzuschüchtern, das Ganze auf Sieg zu reiten, ob das Pferd es nun aushält oder nicht.
Und nun lagen sie plötzlich auf der Nase, die Zureiter. Ich fürchte, daß sie nachtragend sind.
Ein ehemaliger bayerischer Innenminister, irgendwann sind sie alle mal ehemalig, hat bei einer Zusammenrottung von Jugendlichen, die er dann in Gefängnissen versenkt hat, zu seiner Rechtfertigung gesagt:
»Wer sich mit Menschen umgibt, die jederzeit fähig sind, eine Straftat zu begehen, muß damit rechnen, daß er auch erfaßt wird.«
Seit dieser Zeit mache ich immer einen Bogen um meinen Innenminister.
Kurz, unser gegenseitiges Vertrauensverhältnis scheint gestört. Nicht etwa, daß ich denen da oben nichts zutraue, im Gegenteil, ich traue ihnen *alles* zu.

Man muß sich die Leute warmhalten. Sie sind nervös, fühlen sich verlassen von ihrem Häuptling, wissen, daß Streibl und Waigel nur Truppführer sind, vergeigen sogar den politischen Verarschermittwoch in Passau, sie sind arg gefährdet, und nichts Schlimmeres könnte uns passieren, als wenn sie ins Mittelmaß abrutschten.
Bisher hatten bayerische Verhältnisse immer etwas Ungewöhnliches. War man einer Unregelmäßigkeit auf der Spur, fühlte man sich von vornherein im Recht. So etwas spornt an. Die letzten Regelmäßigkeiten fanden statt, als zu erfahren war, daß die Umbauarbeiten im Staatstheater oder in der Staatsoper, was weiß ich, etwas mehr als 30 Millionen zusätzlich kosten werden, daß der Minister für Kultur und was damit zusammenhängt es mit Fassung aufnimmt, weil er es nicht zahlen muß, und daß der Landtag, sollte er es nicht bewilligen wollen, selber schuld ist, wenn die Opernfestspiele am Sozialismus scheitern. An kulturfeindlicher Sparsamkeit. So ist das in diesem Land, und das ist regelmäßig.
Sollte sich jetzt der Gedanke durchsetzen, daß es besser wäre, dieses Theater zur Übungswerkstätte für Architekten, Baufirmen, überwachende Politiker und Computerkommandanten zu erklären, und zwar so lange, bis sie es können, wäre das nicht regelmäßig.
Aber es hilft alles nichts. Der große Vorsitzende fehlt an allen Ecken und Enden. Die Festzelte werden nicht mehr voll. Man vermißt seine verbalen Stinkbomben, die Gnadenlosigkeit seiner Niedermacherqualität, die Bedenkenlosigkeit im Denunzieren, all das, was ihn so unangreifbar im Lande machte.
Kein anderer dieser Couleur hat mich so mühelos zum Lachen gebracht wie er. Besonders dann, wenn er Treuherzig-

keit verbreitet hat. Bei seinem Grundsatzreferat anläßlich des kulturpolitischen Kongresses der CSU in München vor einigen Jahren sagte er doch tatsächlich: »Wir christlich-sozialen Liberalkonservativen haben die Gefährlichkeit der Waffe Sprache lange Zeit nicht richtig verstanden: den semantischen Betrug, der mit gewissen Wörtern begangen wurde, die geheime Verführungskraft gewisser Formulierungen...«
Er hatte immer schon um die Geheimnisse der großen Komiker gewußt. Ernst bleiben bei solchen Sätzen! Er hat es geleistet. Er hatte Mut. Und der gehört dazu, wenn man einer Versammlung von Kulturpolitikern weismachen möchte, man hätte nach all den Jahren des Studiums von Goebbels, dem semantischen Spitzenbetrüger, nach all dem, was man selber schon in dieser Beziehung an Leistungen vorzuweisen hatte, in pazifistisch-christlicher Naivität die »Waffe Sprache« nie benutzt!
Und dann schlug er noch mit dem Hammer Gottes auf die jubelnden Bildungsverwalter ein. »Die Menschen sind eben nicht gleich! Zwischen dem schöpferischen Denken eines Genies und dem Gedankenwirrwarr eines sogenannten Lernbehinderten besteht ein gewaltiger Unterschied – und beide sind doch Menschen, sind vor Gott und dem Gesetz gleich – und müssen es sein!«
Immer noch bewahrte er den Ernst. Master Buster Keaton hätte Mühe gehabt, seine Miene im Zaum zu halten. Aber noch fehlt die eigentliche Pointe. Da ist sie: »Es wird die Aufgabe der Union sein, dafür zu sorgen, daß dem Bürger die Wahrheit nicht länger vorenthalten werden kann.«
Das hat er gesagt. Es ist überliefert.
Es muß ein schlechtes Publikum gewesen sein. Kein brüllen-

des Gelächter, sondern schütterer Gesinnungsapplaus. Das muß ihn geärgert haben. Sofort ein massiver demagogischer Befreiungsschlag:
»Wie kommen junge Naturwissenschaftler dazu, der Fahne einer völlig wirren Ideologie zu folgen? Waren nicht auch viele Terroristen Studenten oder gerade examinierte Akademiker?«
Das ist von einer erhabenen Gemeinheit. Das hebt ihn weit über die zaghaften Denunzianten hinaus. Wer so denkt, schießt auch. Jawohl. Meinte er? Vielleicht nicht, aber was er auslösen wollte, wußte er.
Vorwürfe konnte man ihm ja nicht machen, denn er hatte die Gefährlichkeit der Waffe Sprache nicht verstanden, der Arme. Dutschke ist daran gestorben.
Strauß hat Glück mit seinen Biographen. Nach Scharnagel und Johnny Klein, die sein Wirken mit Honigfässern übergießen, will keiner mehr wissen, wie er seinen bayerischen Gau gebändigt und wie nahe er ihn an den äußersten rechten Rand gedrängt hat. Was er den Delegierten dann noch zugeworfen hat, müßte einen vor lauter Sympathie fast zerwuzeln: »Die Schulen sollen nicht nur Wissen und Können vermitteln, sondern auch Herz und Charakter bilden. Oberste Bildungsziele sind Ehrfurcht vor Gott, Achtung vor religiöser Überzeugung und vor der Würde des Menschen, Selbstbeherrschung, Verantwortungsgefühl und Verantwortungsfreudigkeit, Hilfsbereitschaft und Aufgeschlossenheit für alles Wahre, Gute und Schöne.«
Wunderbar. Vor allem der letzte Satz schließt direkt an den Satz an, den Adolf Hitler anläßlich der Eröffnung des Hauses der Kunst in München gesagt hat. Dieser Satz gab ihm auch den Mut, die gesamte Kulturszene der Republik zu beurtei-

len. Das kulturelle Niveau sei in den dreizehn Jahren der liberal-sozialistischen Koalition in beschämender Weise abgesunken. Die Literatur sei weitgehend politisiert, auch die Theater und die Medien. (Nie hat ihn ein Theater in seinen Räumen gesehen.) Er beklagt »die Flucht der Begabtesten in die Subjektivität«.

Wer um Himmels willen hat ihn nicht abgehalten, diese Rede zu halten, die ihn zurückgestoßen hat in die Zeit der NS-Führungsoffiziere?

Und dann kommt es auch, das Wort: »Kulturelle Entartung.« Tumult im Tümpel.

Nein, wirklich – er fehlt uns. Er war nicht nur ein klassischer bayerischer Imperator, sondern auch Indikator. Man wußte immer, wo man steht. Sein Lächeln war wie eine Sense, wenn er reine machte in seiner Partei. Seine Gegner stieß er kurzentschlossen auf Präsidentenstühle von Großbanken, Freunden stieß er sämtliche Türen auf, wo immer sie hinführten. Über ihm gab es nichts, unter ihm gedieh der Nepotismus.

Die Merzgefallenen wissen Bescheid, Honecker wundert sich immer noch, Schalck-Golodkowski schweigt, die dankbaren Neffen nennen den neuen Flughafen nach ihrem Onkel.

Vorübergehend haben sie ihn falsch geschrieben, diesen Namen ihres Nepoten. Strauss, nicht Strauß. Daraufhin mußten sämtliche Schilder gestrichen und neu geschrieben werden. Wie teuer das gekommen ist, weiß man nicht. Es wird gemunkelt, es könnte ungefähr die Summe gewesen sein, die ein ruchbar gewordener Bauauftragsvergabebeamter von Großfirmen bekommen hat, die sich am Flughafenbau satt gemacht haben.

Wer will sie aufhalten, die Vettern? Sie arbeiten inzwischen reibungslos miteinander. Einer hält die Tür auf, oder andere die Hand, und was hält der Politiker auf? Der hält auf diese Leute die Laudatio.
Es gehört auch zum historischen Vermächtnis des großen Onkels, daß das alles funktioniert wie geschmiert. Man muß eben investieren, wenn nichts dabei herauskommen soll.
Corrumpere necesse est, wenn sich sonst gar nichts machen läßt. Und auch da ist Gott mit Dir, Du Land der Bayern, weil große Vorbilder schon den Weg in die Vetternwirtschaft gewiesen haben: Sixtus der Gewitzte, Innozenz der Unverschämte oder Alexander der Titeltandler. Päpste, nicht Paten, die nicht nur die Hand aufgehalten haben für einen Bischofstitel. Für Geld haben sie die ganze Geschichte aufgehalten.
Italien hat als Mafialand eine reiche Erfahrung. Und alle Wege führen nach Rom. Man erzählt sich unter Eingeweihten (unter Geweihten vermeidet man das) eine mysteriöse Geschichte. Ein Bischof verheiratete seine Tochter an einen schönen jungen Mann, der diese erst bei der Trauung kennenlernen durfte. Seine Freunde und er lernten nun die Familie der Braut während des anschließenden Gelages kennen: Menschen, die wie Geier an den Tafeln hockten, sich gegenseitig bestahlen, anschwärzten, allerdings vor jedem Gericht beteten, die Bedienten wie Sklaven behandelten, mit den Summen prahlten, die sie dem Heiligen Stuhl für die Befreiung Jerusalems gespendet hatten, das Anspucken von Juden auf öffentlichen Plätzen für Christenpflicht hielten, den Bräutigam zu verprügeln drohten, als er zaghaft Einwände erhob, und ihm zuschrieen, er hätte es hier mit der besten Gesellschaft des Landes zu tun.

Als ihm der Bischof volltrunken sein Dessert ins Gesicht schüttete, stand er auf und bat die Geliebte des Würdenträgers zum Tanz. Als er ihr dabei ein Bein stellte, weil er ihren Mundgeruch nicht aushalten konnte, und sie dabei schwer zu Fall kam, soll die Schlägerei begonnen haben. Der ganze Palast, so heißt es, sei dabei abgebrannt, der Bischof zu Tode gekommen, seine Geliebte hätte dabei den letzten Zuschlag verlangt und zwar mit einem Kronleuchter, der Bräutigam aber sei mit Hilfe seiner Freunde entkommen, hätte eine Äbtissin geschwängert, die abgetrieben haben soll, wäre später in Rom aufgetaucht, hätte dort einen Kardinal getroffen und wäre schwul geworden.
Es ist leider nicht zu ersehen, in welchem Jahrhundert diese Geschichte passiert ist.
Heutzutage kann es nicht gewesen sein, denn ich habe gehört, daß heutzutage die Würde des Menschen unantastbar ist, grundgesetzlich geschützt, daß man das ungeborene Leben aber vor den Müttern schützen muß. Sieh mal an. Es sind in der Mehrzahl die Männer, die Frauen vor ihnen selbst schützen wollen. Vor sich selbst, also vor ihnen, den Männern, möchten sie sie nicht schützen. Sie möchten gern ein Gesetz, das Frauen bestraft. Dafür haben sie die Mehrheit. Mühelos weisen sie nach, daß Frauen ihre Lust haben wollen, aber keine Kinder. Aufheulende ältere Herren in hohen Positionen, die nie mehr ein Kind zeugen werden, befinden darüber, ob die Entscheidung, es zu bekommen, schwer oder leicht war. Wie kommen diese Pharisäer eigentlich dazu, Frauen zu unterstellen, sie würden unter einem Abbruch nicht leiden?
Ihre fiese Phantasie geht mit ihnen durch. Sie sehen Millionen von kopulierenden Paaren, die nichts anderes im Sinn

haben, als Pornofilme nachzuspielen und dann abzutreiben. Sie fallen auf ihr eigenes, von ihnen gefördertes Fernsehen herein. Haben sie keine Frauen, die nach Holland gefahren sind, um die Karriere ihres Mannes nicht zu gefährden? Haben sie keinen Kontakt mehr zu ihren Töchtern, die ihren Vätern vielleicht mitteilen können, wie schwer ein solcher Entschluß ist und wie oft das unter dem Druck der Männer, sehr oft auch unter starkem Einfluß der Eltern geschieht, weil ihnen der junge Mann als Vater ihres Enkelkindes nicht paßt? Einer Frau die Entscheidung abnehmen zu wollen, ob sie ein Kind auf die Welt bringt oder nicht, über sie Gericht sitzen zu wollen, wenn sie es nicht tut, ist ein Rückfall in das Biedermeier. In heutiger Zeit, da ruppige Richter, verlogene Staatsanwälte arbeiten, die Frauen wie potentielle Gefängnisinsassen behandeln, Journalisten, die den Familien in die Betten gucken, einen Arzt an den Pranger schreiben und eine Justizministerin amtiert, die bärbeißig und unbelehrbar den katholischen Grundkonsens als Grundlage für rabaukenhaften Gerichtsstil verteidigt.
Es ist ein grausiger Witz, daß einer der richterlichen Beisitzer dann seinen Sitz verlassen mußte, weil er seiner Freundin mit Rat und Tat zur Seite stand, als sie abtreiben sollte, wollte? Da hatte der Dorfrichter Adam in Memmingen sein Coming out.
Wer lüftet denn da endlich den Vorhang vor dieser landesweiten Heuchelei. Jede zweite Mutter wird zugeben müssen, daß sie in ihrem Leben schon einmal abgetrieben hat.
Und Frau Minister Berghofer-Weichner baut sich vor dem Volk auf und bezeichnet diese Memminger Farce als Musterprozeß.
Für die Verbreitung von Unsinn muß niemand zurücktreten.

Aber die Vorstellung, Götter, die Billionen Jahre alte Opposition des regierenden alleinigen Gottes, setzten sich einmal durch und beschlössen das Begatten und Empfangen über Nacht umzukehren, läßt mich nicht los.
Männern wird es morgens schlecht, sie stellen entsetzt fest, daß sie geschwängert sind, rechnen sich den Tag der Entbindung aus, und genau das ist der Tag, an dem sie zur Wahl um den Parteivorsitz antreten wollten.
Naja, man kennt einen Chefarzt in einer verschwiegenen Kleinstadt, dem man selbst zu diesem Sessel verholfen hat, der offiziell als harter Kern der Berghofer-Weichner-Initiative gilt, und nur darum hat man ihn dort installiert ... aber, an diesem Morgen ist diesem auch schlecht geworden.
In einem ernsten Gespräch versichert man sich gegenseitig, daß hohes Verantwortungsgefühl für das werdende Leben selbstverständlich der Ausgangspunkt jeglichen Zweifels sein muß. Beide aber sind der wachsenden Meinung, daß der Zeitpunkt der Entbindung äußerst ungünstig wäre, weil der designierte Parteivorsitzende im Wochenbett keine Mehrheit erzielen werde, und der dann hochschwangere Chefarzt Abtreibungen nicht mehr verhindern könne.
Man beschließt, sich zu helfen.
Der eine fährt dahin, der andere dorthin. Danach erfüllen beide wieder ihre Pflicht.
Der Chefarzt allerdings, er teilt es nur seiner Frau mit, hat danach unter Weinkrämpfen zu leiden.

Nachdem die Götter ihnen die Männlichkeit zurückgegeben hatten, hielten sie, wenn dieses Problem zur Sprache kam, das Maul.

# WUNSCHZETTEL

Es ist immer noch keine Ordnung herzustellen. Der Zettel, auf dem ich mir mitteilen wollte: »Achte darauf, daß die Kochplatten abgestellt sind, wenn du das Haus verläßt!!!«, ist auf der Kochplatte verschmort.

Wunderbarerweise kam Jutta und hat gelöscht.

Jutta, weit weg verliebt, Ulla, in der Nähe verheiratet, beide besuchen ihr Elternhaus noch, kümmern sich um den Papa, dem die Farbe aus den Haaren geht. Sie schauen sich dann in der Wohnung um, als wollten sie sagen: »Sag mal, Alter, willst du nicht langsam zur Kenntnis nehmen, daß du in deinen alten Bildern verschwindest, wenn du sie nicht umhängst?«

Das hat mir Renate schon gesagt. Ich habe den Verdacht, daß sie sich gegenseitig zuzwinkern und beschlossen haben, mich auf meine Lebensweise hinzustoßen, damit ich erkenne, wie gesund ich leben müßte, um meiner Leber eine Chance zu geben. Sie hat keine. Sie hat nur Pausen. Wenn sie die aber nicht nutzt?

Die Frauen um mich herum passen auf. Johanna gibt Renate recht, Renate weiß, daß Irene mir zu diesem Problem alles schon gesagt hatte, weiß aber auch, daß sie es noch einmal sagen muß, so oft wie es geht, ist mit ihren Beobachtungen vorsichtig, sagt Jutta Bescheid, Jutta ruft Ulla an, Ulla informiert Gerti, Gerti teilt Cathérine mit, Cathérine läßt Tine wissen und Ingrid weiß dann genau, was Renate, Johanna,

Jutta, Ulla, Cathérine, Tine dazu meinen. Der Verdacht, ich könnte unter die Frauen gefallen sein, beschleicht mich auch schon seit längerem. Ich fühle mich wohl.
Kann es sein, daß meine Parteinahme für Frauen mit der Tatsache zusammenhängt, daß ich unter Töchtern aufgewachsen bin? Wenn heranwachsende Töchter über Jungens reden, erfaßt einen das Mitleid für das eigene Geschlecht. Zunächst einmal.
Dann, wenn man das überwunden hat, versucht man herauszubekommen, warum »diese Weiber« viel witziger sind, wenn sie über uns reden, als wenn wir versuchen, ihnen die Schuld dafür aufzureden, daß wir sie so phantasielos zu lieben versuchen.
Aber einfach so in den Sand reden lasse ich mich auch nicht. Und da kann man ein für allemal die Frage beantworten, die immer wieder gestellt wird, wenn Töchter über ihre komischen Väter ausgeholt werden: »Wie witzig ist es bei euch, wenn die Suppe kommt?« Ulla meinte dazu, sie könne den Löffel vor Lachen nicht halten, Jutta setzte noch drauf, daß die Suppe gar nicht auf den Tisch käme, weil Mutter vor Lachen gar nicht kochen könnte, woraufhin Ulla todernst erklärte, das hätte den Vorteil, daß man gar keine esse, denn Suppen machten ja bekanntlich dick. Na gut.
Ich war beleidigt, weil ich immer gedacht hatte, es wäre so. Also wagte ich die Gegenfrage: »Aha, ihr lebt also in diesem Hause immer in der Erwartung, daß Mutter sagt: ›Kinder, seid still, Vater denkt darüber nach, was komisch ist.‹ Und warum *Sie* jetzt lachen, verstehe ich überhaupt nicht!«
Das war der Interviewer, der fairerweise diese Heimniederlage dann nicht erwähnt hat.
Die eigene Familie zum Lachen zu bringen, ist eine schier

unlösbare Aufgabe. Dabei kann *ich* über *sie* leicht und gelöst lachen. Wenn Jutta zwar weiß, was Sigmund Freud über Traum, Witz und Erotik geschrieben hat, aber nicht, wie sehr Singapur im Osten liegt, mir dann aber nachweist, daß vom Osten aus gesehen es wieder im Westen liegt.

Wenn Ursula (Ulla) mir nachweist, daß es besser wäre, ich würde meine Brieftasche bei einem Notar deponieren, nachdem ich sie schon siebenmal vor mir selbst versteckt habe.

Und immer noch und immer wieder versuchen Journalisten aus mir herauszulocken, daß ich meine Töchter übervatere. Längst hechele ich hinter ihnen her, versuche in Erfahrung zu bringen, was sie, ohne mich zu informieren, wissen.

Sie bedienen Apparate mühelos, die ihnen sofort mitteilen, auf welchem Breitengrad Singapur liegt, welche Temperatur dort herrscht am 27. September, was ein Hotelportier in der Woche verdient, während ich noch mit dem Finger stottere, wenn es gilt, eine Aufzeichnung von Gunter Emmerlich herzustellen.

Wobei ich dann noch die Antwort schuldig bleiben muß, warum ich das überhaupt will. Schlagfertig wie ich bin, habe ich das nach mehreren Monaten herausbekommen: weil ein Ost-Entertainer wie er immer noch den Lacher für eine Pointe fordert, die Unfreiheit voraussetzt, weil Pausen dieser Art verboten waren.

Und schon trifft da wieder ein Satz von Dietrich dem Großen, Genscher, dem Meister des leicht hingeworfenen Wortes: »Nichts wird mehr so sein, wie es war...« oder so ähnlich. Man kann diesen Satz drehen und wenden, wie man will, er paßt.

Nichts war so, wie es einmal sein wird.

Sein Nichts war so, wie es einmal wird – einmal wird es sein, so war nichts!
Und es wird eben nie wieder so sein, daß in den Sälen Dresdens, Berlins (Ost ehem.), Leipzigs oder Schwerins die Menschen den Atem anhalten, wenn auf der Bühne einer mit den Worten spielt, Sätze versehentlich richtig verdreht, den Unsinn sagt, den Sinn verschluckt und die Parteileute in den ersten Reihen so überruhig lächeln, daß man weiß, sie sind unruhig.
Dieselben Leute sitzen vermutlich wieder in den ersten Reihen, langweilen sich, vermissen den Druck, den sie selbst erzeugt hatten, gehen nach Hause und sagen ihren Kindern: »Also, *alles* war nicht schlecht in der DDR.«
Das hätte sich der Richard Rogler nicht gedacht, als er seinen wunderbaren Programmtitel erfand »Freiheit aushalten«. So viele Freunde und Kollegen habe ich schon gelobt, wieso sollte ich vor Richard haltmachen?
Dieses Selber-Gewächs mit der Beißkraft eines Alligators, der nie auf die Menschen herunterkommt, sondern sie an sich herankommen läßt, der Erfolg verkraften kann wie kaum ein anderer, der Niederlagen nicht wegsteckt wie einen Scheck, Angst hat, wo er sie haben muß, und keine, wo sie Kopfeinziehen bedeuten würde. Die Frage ist nur, ob er außerordentlich ist oder in Ordnung. Ich bin für beides.
Moment! Wäre er außerordentlich, wäre es mit der Ordnung nicht in Ordnung. Richard Rogler hat aber etwas in Ordnung gebracht. Er hat die Kritiker unserer Zunft dazu gebracht, das Fertiggedachte noch einmal zu überdenken. Er macht sich sein Leben nicht leicht, haben sie festgestellt. Noná! Bedeutet das etwa, die anderen hätten es sich leicht

gemacht? Geld kann es doch nicht sein, was sie leichter magenkrank werden läßt. Niemand kotzt einen Tausendmarkschein, wenn ihm schlecht ist. Das hat mit dem Geld nichts zu tun. Man muß es haben, damit man im Alter leben kann, ohne Geld verdienen zu müssen. Das ist eine Selbstfinanzierung, die sogar die Vorsorge für den eigenen Sarg einschließt. Soviel Selbstbeteiligung verlangt nicht einmal Blüm.

Freiheit aushalten. So ist es. Aber *das* möchte ich von meiner Krankenkasse bezahlt bekommen: Ein Schauspieler soll in meinem Sarge meine Leiche spielen und bei der Grabrede meines ärgsten Freundes den Deckel heben, den Zeigefinger herausstrecken und den Deckel wieder zuknallen.

Danach kann spielen und singen, wer will. Meine Seele würde mit einem fröhlichen Lacher in die Lüfte fahren.

Warum soll sie nicht lachen? Vieles war ja viel besser als früher. Wir haben ein paar Millionen Menschen umgebracht, wissen aber seit der Exekution Eichmanns, daß er und nicht wir es waren, erfahren es immer wieder, daß eigentlich Lessing unser deutsches Image ausmacht, lachen aber merkwürdigerweise an den falschen Stellen. Das kann man überschweigen. Sensibel wie wir sind, zittern wir vor der Wahrheit, daß wir immer noch glauben, Juden und Schwarze hätten größere Schwänze. Es stimmt nicht! In Saunas und unter Duschen habe ich sie mir angesehen. Bei Nichtbeachtung schrumpfen sie ein. Wie alle anderen. Alles schrumpft ein bei Nichtbeachtung. Nur Idioten, Rassisten und Faschisten nicht.

Aber sonst? Wir sind doch im großen und ganzen ganz propere Demokraten geworden. Nein?

Wir sind doch eigentlich ganz nette Leute, aber man merkt

es im Ausland nicht. Immer habe ich das Gefühl, daß sie Witze über uns machen.
Oder sind wir so, wie der Polt uns spielt? Dann wären wir also laut, grob, geschmacklos und geizig. Wir trügen lächerliche Shorts, Sandalen und grauenhaft graue Socken, würden sofort überall Staub wischen, alle Strände vermüllen, die Preise verderben und Grundstücke kaufen, wo nur ein paar Liter Badewasser plätschern. Ich habe diese Familie kennengelernt. Es stimmte genau. Es waren Holländer.
Jetzt kommen sicherlich die ganz schlauen Zeitgenossen und behaupten: »Europa! Das sind schon die ersten Anzeichen einer Verdeutschung Europas. Sie ahmen uns schon nach!«
Unsinn. Holländer tragen genauso gräuliche Socken. Sogar Dänen. Wir werden uns in Europa auf so vieles einigen müssen: auf die südfranzösische Wassersacktomate, auf die Länge der Kuhschwänze, warum nicht auf Socken?
Außerdem sollten wir wieder mal ein bißchen selbstbewußter werden.
Wir haben etwas in die Waagschale zu werfen. Und wenn er es ist, Er, der große Einheits-Verursacher. Am besten im Sommer, weil er dann immer etwas leichter ist.
Schwer fallen seine Worte ins Gewicht in Europa. Wir sind stolz auf ihn. Er auch.

Sein Credo:
Ich bekenne mich vollinhaltlich
ohne jegliches Wenn und Aber
in jeder Phase meines entscheidungsreichen Lebens
ohne Einschränkung und ohne den Hauch eines Zweifels

mit hoher Überzeugung und tiefem Vertrauen
zu MIR.

Wer klopft mir täglich
auf die mit den drängenden Problemen des
Miteinander beladenen Schultern?
ICH.

Wer weiß besser, daß ohne mich
das Ozonloch größer, die Robben töter,
die Felder noch giftiger wären, als sie seveso sind?
Wer weiß überhaupt etwas besser als ich?
ER.

Es scheint Meinungsverschiedenheiten zu dem Thema zu geben: Wo liegt das Zentrum von Europa?
Umfragen jedenfalls klopfen Meinungen bei Europäern ab.
Mich ereilte die Frage: »Wo schlägt das Herz von Europa?«
Es geht mich eigentlich nichts an, oder sagen wir mal, es ist mir egal. Hat es überhaupt ein Herz? Straßburg? Brüssel? Nein, da *sitzt* es. Niemand sitzt auf seinem Herzen, und schon gar nicht pocht es dort.
Düsseldorf, Mailand oder Schmalkalden? Wer weiß?
Auch Bonn scheint weniger Herz, sondern nach alkoholstatistischen Erhebungen mehr Leber zu sein.
Außerdem muß man da erwähnen, daß nicht wenige Volksvertreter Bonn keineswegs als Herz Europas bezeichnen, sondern als Bürzel der Welt.
Mein Freund Dieter Hanitzsch hat eine sehr vernünftige Frage zu Europa gestellt und mich damit für eine Weile ins Grübeln gebracht. »Wieso«, meint er »jubelt der Westen,

daß der Zentralismus im Osten zusammengebrochen ist, wenn er ihn im Westen gerade aufbaut?«
In einer gigantischen Verwaltungsexplosion werden Zigtausende von Eurotikern, lustbetonte Papierfüller, Äpfel und Birnen zusammenschmeißen und dann mit jahrelanger Akribie wieder auseinanderrechnen.
Wie lang darf eine Eurozahnbürste sein? Die Gegenstudie bearbeitet das Problem, wie lang sie *nicht* sein darf. Solange, bis es keine mehr gibt. Auf diese Weise, das muß man bedenken, wären wir bald unseren Überfluß los, unter dem wir ja moralisch so leiden.
Aber mehrsprachig werden wir sein.
Die deutsche Sprache wird in den Apparat eingespannt, abgebürstet, hier verkehrsgängig verknappt, da was gekappt, die Konjunktive werden in den Schrank gehängt, und Filosofie wird mit zwei f geschrieben.
Das hatte ich mir schon damals gedacht, als Ulla und Jutta mit der Orthographie noch Schwierigkeiten hatten.
Eines Tages werden sie es den Kindern noch leichter machen. Zunehmend auch den Professoren.
Die beiden Zettel von meinen Töchtern habe ich beim Stöbern in alten Schatullen gefunden. Es beweist mir, daß Ulla und Jutta es offenbar mit der Bescheidenheit hielten. Darum müssen die Zettel hier hinein. Basta. Wie gesagt: Ich lache gerne über sie.

Liebes Chriskind!
Ich möchte eine groß Puppe so
groß wie ich. Einen Sportpuppen-
wagen. Ein große Munzermonika,
wie die Ulla hat, Und einen
echten Pudel, von Jutta!
in Modeschur.

Liebes Chriskind!
Ich möchte bitte so gerne
einen Elektrieschen Platten-
spieler mit Schlagerplatten
dazu, Ein schönes neues
Märchenbuch und sonst
nichts mehr. Entschuldi-
ge bitte das ich soviel
möchte. Von Ulla!

Womit Ulla nicht gerechnet hatte, war eine große Überraschung, mit der ich das Mädchen in Verwirrung stürzte. Eine Eisenbahn habe ich ihr geschenkt! Sie sah sich die an, konnte keine rechte Freude aufbringen und fragte: »Spielst du jetzt immer damit?«

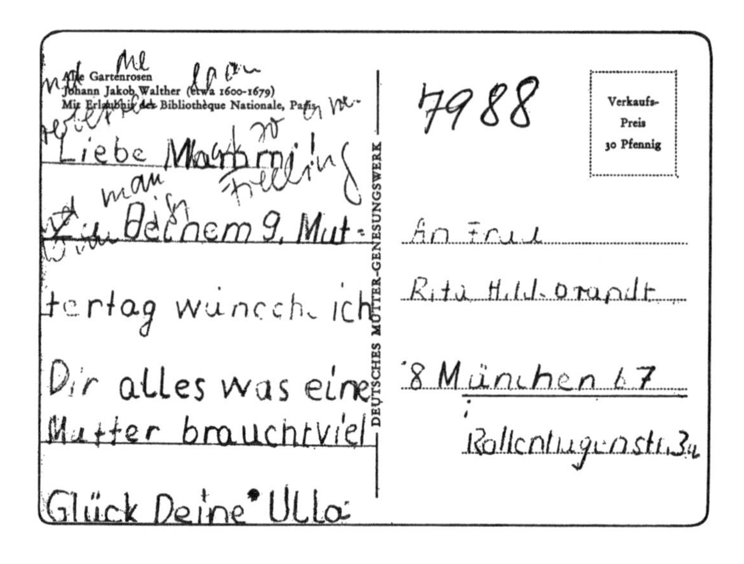
Alte Gartenrosen
Johann Jakob Walther (etwa 1600-1679)
Mit Erlaubnis der Bibliothèque Nationale, Paris

Liebe Mami
Zu Deinem 9. Muttertag wünsch ich Dir alles was eine Mutter braucht viel Glück Deine Ulla

DEUTSCHES MÜTTER-GENESUNGSWERK

7988

Verkaufs-Preis
30 Pfennig

An Frau
Rita Hildebrandt
8 München 67
Rollenhagenstr. 34

# JUTTAS KEHRAUS

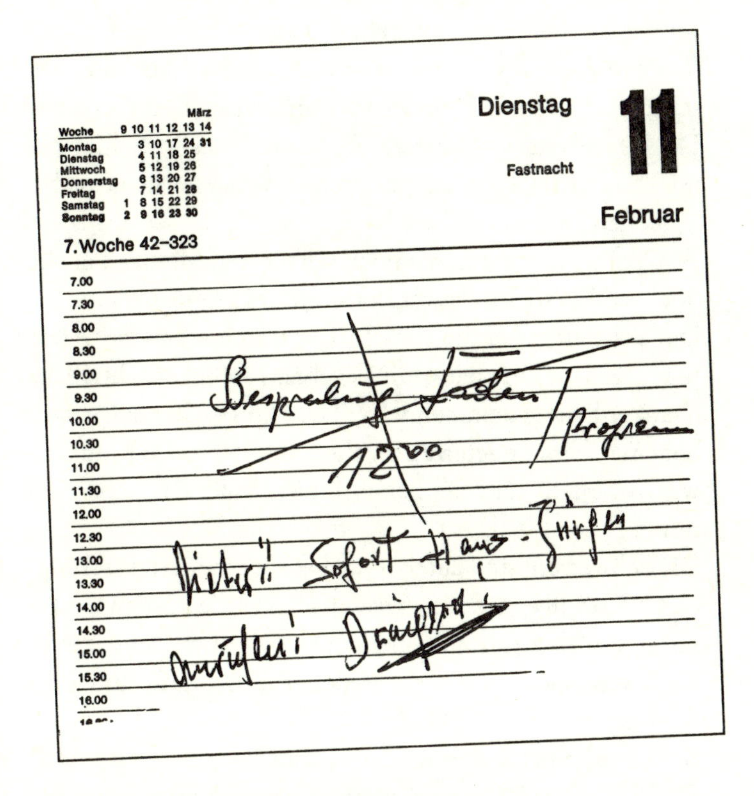


Gerade von der Vorstellung zurückgekommen. 23.30 Uhr. Was kann um diese Zeit so dringend sein?
Hans-Jürgen meldet sich, ein sehr guter Freund von Jutta, seine Stimme zittert etwas, es wird mir eiskalt. Gleich der erste Satz: »Reg dich nicht zu sehr auf.« Ein schlimmer Satz.

Ich bin auf Schreckliches gefaßt. Es ist schrecklich genug. Jutta ist auf der Intensivstation. Aneurysma. Ein Äderchen ist im Kopf geplatzt. Höchste Lebensgefahr.
Hinaus ins Auto, alle Türen offengelassen im Haus, aus dem Fernsehapparat dringt Faschingsmusik. Faschingsdienstag – Kehraus. In meinem Kopf dreht sich alles, ich muß aufpassen. Es ist ein großes, neues, weiträumiges Krankenhaus, sie schicken einen falsch, und dann stehe ich am Bett von Jutta. Die Intensivstation ist stark abgedunkelt, es ist Schlafenszeit. So richtig kann ich gar nicht sehen, wie sie aussieht. Sprechen kann sie nicht.
Am Vormittag hatten wir noch telefoniert. Munter war sie, fidel, frech. Alles in bester Butter. Jetzt in Lebensgefahr.
Die Schwester beruhigt mich: Die untersuchenden Ärzte haben gesagt, Jutta hätte Glück gehabt, daß sie so schnell ins Krankenhaus gekommen wäre. Hans-Jürgen hat aufgepaßt, hat einen befreundeten Arzt geholt, der sofort den Krankenwagen bestellt hat. Sie haben ihr vorläufig das Leben gerettet.
Die Schwestern sind durch irgend etwas erheitert. Fasching? Nein. Ich will es gar nicht wissen. Dann sehe ich den Grund selbst. Ein kleiner, rundlicher schwarzer Patient schleicht in der Dunkelheit zu einem großen Kühlschrank und eine Schwesternstimme erschallt: »Bibi!«
Sofort verschwindet er wieder in seinem Bett.
Er soll, so wird mir versichert, ihnen schon zweimal die beiden Kühlschränke leergefressen haben.
Schade, daß Jutta nicht mitlachen kann.
Wie betäubt fahre ich wieder nach Hause, rufe Freunde an, frage sie nach ihren Erfahrungen, sie haben keine.
Am nächsten Morgen wieder in die Intensivstation. Es kann

mir aber leider keiner so richtig etwas erklären. Es ist viel los im Haus. Das hatte ich schon bemerkt. Ein fröhlicher Pfleger begrüßte mich vor den Fahrstühlen, hatte gerade seinen vermutlich frisch operierten Patienten in den Lift geschoben, sah mich, wollte ein Autogramm von mir. »Hallo Moment«, rief ich, »Ihr Patient ist gerade allein raufgefahren!« »Macht nichts«, sagte er, »den hole ich mir schon wieder. Der schläft jetzt.«
Ein bißchen MASH.
Jutta konnte sprechen, konnte erklären, wie es gekommen ist, daß sie diesen winzigen Fehler schon seit ihrer Geburt hatte. Ich beruhige mich. Nur für kurze Zeit, denn dann erzählt sie mir, daß sie operiert werden muß.
Mir schießt der Schreck in die Glieder, habe von solchen Operationen einiges gehört.
Für diese Operation muß sie dieses Krankenhaus verlassen und wird in das Großklinikum Großhadern gebracht.
Man fährt ihr Bett hinein, durch den Nebeneingang hatte man ihre Mutter hinausgefahren.
Dann endlich fasse ich Mut. Der operierende Professor, einer der, so sagt man mir, besten Neurochirurgen der Welt, klärt mich ruhig und freundlich über alles auf, was geschehen wird und warum es sein muß, so daß ich langsam den Eindruck bekomme, es handele sich nach den Fortschritten in der Neurochirurgie um eine Routineoperation.
Das, meinte er, könnte man von einem Eingriff, der fünf Stunden in Anspruch nimmt, wohl nicht sagen.
Er hat Jutta das Leben gerettet. Ich bewundere ihn und konnte ihm auch nicht mehr als das mitteilen. Ich hätte ihm gern ein Haus geschenkt. Er hätte schon eines, meinte er trocken.

Jutta hat es gut überstanden. In den ersten Tagen meinte sie, als wir sie besuchten, daß unsere Pullover, Gesichter oder Brillen rechts diagonal an ihren Augen vorbeiflögen. Es gab sich dann.
Seit diesen Tagen feiern wir den Tag der Operation als zweiten Geburtstag von Jutta. Und trinken auf Professor Lanksch! Als ich mich bei den Schwestern in der Intensivstation bedankte, hatte Bibi gerade wieder zugeschlagen. Ein ganzes Kilo Leberkäs hatte er zermampft. Und der lockere Krankenbettfahrer raste mit einer alten Dame mit überhöhter Geschwindigkeit durch die Gänge. In dem Haus ist einfach Leben.

# HEIL-WELT

Pappi,
die Sekretärin von Prof. B.
hat angerufen, er hat
Geburtstag.
Ob du da was machst.
Kuß Jutta

Professor B. war (er ist inzwischen leider verstorben) auch eine der hocherfreulichen Erscheinungen bei meinen Begegnungen mit Medizinern. Natürlich ging ich zu seinem Geburtstag, und natürlich lobte ich ihn über den grünen Klee. Ich hatte Grund dazu, denn er hatte mich geheilt. In irgendeiner Fußballkabine muß ich mir eine sehr unangenehme Pilzart an den Fuß gezogen haben, die sich bis zu den Händen erweiterte. Ich ging also zu Professor B., dem Dermatologen. Der besah sich das, holte ein sehr, sehr dickes Buch heraus, gab es mir. Ich schaute hinein, wunderte mich. Schöne bunte Bilder, gewiß, grelle Farben, interessante Formen, aber was sollte ich mit einem Kunstbuch?

Das seien, sagte er, ungefähr zwei- bis dreitausend Hauterkrankungen, und ich solle mir eine aussuchen. Wenn wir beide Glück hätten, wäre es die richtige. So sei es nun mal in der Dermatologie.
Sicher hat er übertrieben, denn so ein Glück können wir ja nicht gehabt haben, daß er sie auf Anhieb traf, die Hautdeformierung.
Im übrigen werden es immer mehr. Auf geheimnisvolle Weise kommt wohl das, was wir in uns hineinstecken, wieder heraus.
Der Kampf der Giganten gegen den Patienten geht in seine Endphase. Die Wettbüros in London nehmen schon Wetten an, wer als Sieger durch das Ziel gehen wird. Die Ärzte? Die Krankenkassen? Oder die Pharmazeuten? Gewißheit besteht darüber, wer der Letzte sein wird.
Seit vielen Jahren versuchen die Politiker uns mitzuteilen, sie hätten da gewisse Eingriffsmöglichkeiten. Aber sie werden einfach durch die Zentrifugalkraft dieses Interessenringes aus dem Kampffeld geschleudert. Und weil immer von dem Versuch der Kostendämpfung die Rede ist, bemerkt man doch, wenn sich der Rauch verzogen hat, daß der einzige Gedämpfte der Politiker ist.
Es sei denn, er ist geschickt und rechnet dem Volk, dem staunenden, vor, wie sehr nach der Reform alle weniger bekommen. Die Ärzte, die Kassen und die Pharmazeuten!
Fragt aber ein Beherzter: »Wie kommt es dann, daß der Patient mehr zahlt?«, fangen sie alle noch einmal an zu rechnen.
Wo eine Konjunktur wütet, wird eben geramscht. Krankheit hat Hochkonjunktur. Darüber war sich das Heil-Kartell immer schon einig: Der Mensch muß schneller und teurer

krank werden. Wir haben doch nicht einen Riesenmaschinenpark im Dienste der Gesundheit des Volkes installiert, wenn dann nur eine läppische Gallenblase zu reparieren ist. Die Medizin ist gewappnet, sie hat aufgerüstet, als richte sie sich auf mehrere Weltkriege ein.
Millionen von Ärzten, unter denen eine ganze Reihe von ihnen andere Berufe schwänzt, streben auf den Markt, krallen sich ihre Patienten, reden sie krank und schicken sie, wenn es geschafft ist, in die Krankenhäuser. Macht die Gesundheit der Patienten noch Schwierigkeiten, dann kommt sicher die Sache mit dem Cholesterinspiegel, dann kriegt er Angst, und die braucht er, um ein brauchbarer Patient zu werden.
Es gibt darüber einen treffenden alten Film mit Louis Jouvet, der leider Gottes nie von der ARD oder dem ZDF gesendet wurde, vielleicht gehört er dem Leo Kirch. Er heißt »Dr. Knock«. (Vielleicht ein Tip?) Dr. Knock kauft die Praxis eines sehr arm gebliebenen Landarztes. Die Leute im Dorf sind unheilbar gesund. Nach einem Jahr besucht der alte Arzt den Dr. Knock. Das Wartezimmer ist überfüllt, die Menschen verängstigt, der Friedhof mußte vergrößert werden. Dr. Knock meinte: »Um einen Menschen gesund zu machen, muß man ihn erst mal krank machen.«
Vielleicht ein Tip für junge, noch unverdorbene Menschen, die gern Ärzte werden möchten?
Daß ich selbst zunehmend verängstigt bin, ist verständlich. Und das auch noch durch meine eigene Mithilfe. Ich habe die Unart, mir Titel von Artikeln auszuschneiden. Nur die Titel. Die liegen dann herum und erschrecken mich. Zum Beispiel:

# WURSTGIFT LÄHMT MUSKELN

Aha, sie wollen mich mit Hilfe der Fleischindustrie in den Rollstuhl kriegen! Kennt man ja. Man kann mit Holzschutzmitteln umgebracht werden, ich muß mich über die Toxizität meines Gartenzauns informieren, und jetzt noch die Wurst.
Dann hole ich mir noch mal den ganzen Artikel und bin beruhigt. Das Botulinus-Toxin wird als Heilmittel verwendet! Wenn einer ein Zucken hat, ein Zwinkerleiden zum Beispiel.
Aber so verschreckt bin ich schon. In Tellern, Tassen, Töpfen, im Fensterglas, im Bett und in Schränken wittere ich Pentachlorphenol, Hexochlorcyclohexan, Dioxine, Furane und weiß der Teufel was. Die chemische Industrie ist natürlich von einer dioxinfreien, schneeweißen Unschuld. Tut uns leid, sagen sie, 1980 noch nicht gewußt!
Glaubt der Herr Wassermann nicht. Das hätten sie 1970 schon wissen müssen, sagt er. Und der Herr ist Toxikologe an der Uni in Kiel. Das bin ich nicht, aber ich glaube es auch. Und hier kommt es zusammen. Der Mann aus der chemischen Industrie, der seinen politischen Freunden immer wieder mitteilt, daß alles in Ordnung ist, brauchte das Wurstgift, um endlich einmal dieses Zwinkern abzustellen.
Das sollte man sich sowieso erhalten. Damit macht man Karriere. Sie betreten das Büro eines traditionell korrupten Ministeriums, sagen dem Minister mit diesem von Geburt an nicht abzustellenden Zwinkern: »Ich habe ja keine Ahnung, was in Ihrem Ministerium vor sich geht...«, schon gehören Sie zum engen Beraterkreis. Auffällig viele der

vielen außerparlamentarischen Staatssekretäre haben nervöse Augen, aber ich täusche mich sicherlich.
Man wird zu mißtrauisch. Vielleicht gibt es bereits Patientenbeschaffungskommandos im Auftrag der teueren Kliniken? Organjäger gibt es bereits. Brauchen wir auch nötig.
Den »Jäger 90« brauchen wir überhaupt nicht. Was soll der jagen?
Von den Organjägern munkelt man, sie kreisten nach Motorradrennen mit Hubschraubern über den Heimwegen, wenn alle Rennfahrer sein möchten und Überholjagden anzetteln.
Sie haben uns voll im Griff. Von der einen Seite die Industrie, die uns krank macht, und von der anderen die Mediziner, die das wieder reparieren.
Im Industrieraum Dortmund waren einmal bei 73 Prozent der untersuchten Kinder die Mandeln geschwollen. In solchen Fällen sagt der Arzt: »Raus damit, egal ob jetzt oder später.« Also eine Riesenkonjunkturwelle für die Hals-Nasen-Ohren-Ärzte! Die Kaufkraft der Ärzte wird höher – der Privatbesitz gestärkt – das Sparen gefördert – das Investieren verlockender – die Industrie expandiert – mehr Arbeitsplätze in Ostdeutschland – Grünes Licht für Handeln und Wandeln – Scheiß auf die Mandeln!
Aber dem absoluten König dieser Riesenheilanstalten oder Reparaturwerkstätten, dem Chefarzt, soll noch ein Denkmal versetzt werden:

# DIE GALLE

Die Schwester
Der Assistenzarzt
Der Oberarzt
Der Professor
Der Patient (zugedeckt, ohne Namen)

SCHWESTER:
Streuen Sie Blumen auf den Gang, Doktor Hudler, heute operiert der Chef persönlich.

ASSISTENZARZT:
Warum nicht?

SCHWESTER:
Hetzen Sie nicht … streuen Sie. (Zum Patienten) Na, haben wir die böse kleine Galle eingeschläfert?

ASSISTENZARZT:
Was soll ich streuen? Nelken oder Rosen?

SCHWESTER:
Vergißmeinnicht. Galle kann der Chef nicht.
(Der Oberarzt betritt die Szene.)

OBERARZT:
Welche Pose ist angeordnet für den Eintritt?

SCHWESTER:
Solidarisches Lächeln. Kopf leicht gesenkt.

OBERARZT:
So?

SCHWESTER:
Tiefer.

OBERARZT:
Dann sehe ich nicht, was der Alte macht.

SCHWESTER:
Aha! Sie wollen zusehen! Der Chef liebt keine Zeugen.

OBERARZT:
Reine fachliche Neugier!

SCHWESTER:
Das machen Sie mit der linken Hand.

OBERARZT:
(Auf den Patienten zeigend) Wer ist das?

SCHWESTER:
Eine Galle.

OBERARZT:
Au weh.
(Es setzt Musik ein. Der Chefarzt betritt den Saal mit weit nach vorn gestreckten Händen, wie er es aus jedem guten Arztfilm kennt.)

CHEFARZT:
Wohlan, Ihr Freunde, wetzt die Messer ...
wer sind Sie denn?

OBERARZT:
Ich bin Ihr Oberarzt, Herr Professor.

CHEFARZT:
Man kann nicht alle kennen. (Zieht einen Flachmann aus der Tasche, trinkt.)

OBERARZT:
Prost.

CHEFARZT:
Ich verbitte mir jede Kritik!!

OBERARZT:
Jawohl, Herr Professor.

CHEFARZT:
Im übrigen werde ich diese Galle genauso erledigen, wie ich es immer getan habe. Halten Sie den Mund!

ASSISTENZARZT:
Ich habe gar nichts gesagt, Herr Professor.

CHEFARZT:
Eben! Das ist es ja. Ich verstehe jedes Wort hinter meinem Rücken. Also, wo ist die Galle?

SCHWESTER:
Hier, Herr Professor. Nicht mehr nötig, Herr Professor.

CHEFARZT:
Also, meine Herren, was haben wir aus diesem Fall wieder gelernt? Galle muß ohne Verzug operiert werden. Merken Sie sich das.

# STRESS

– Heizung ist kaputt.
Habe den Kundendienst
schon angerufen.
– Ein Peter Michael aus K.
hat angerufen, ob Du kommst?
Ruft nochmal an!
– Maria hat Windpocken.
Hattest Du welche?
Johanna

13 Montag
16. Woche 1992

~~SFB~~
Ein Peter
hat angerufen
50. Geburtstag
Wer ist

14 Dienstag

~~SFB~~
Michael
. Hat
.
das???

15 Mittwoch

Wer ist Michael aus K.? Und was soll ich bei seinem Geburtstag? Schon ruft er wieder an. Die Haustürglocke geht. Der Monteur. Was zuerst? Haustür. Der läßt sich Zeit. Telefon aus. Gott sei Dank. In den Keller... Telefon! Wieder rauf. Ein ziemlich betrunkener Mensch hat den riesigen Einfall, daß ich zu seinem Geburtstag nach Köln kommen muß. Ich muß in den Keller. Er meint, ich müßte eine lustige Rede auf ihn halten, er läßt sich Zeit, ich sage, ich muß in den Keller, Heizung kaputt. Er fängt an, mir zu erzählen, daß seine auch... und *immer* an den Feiertagen! Ich hänge auf. In den Keller. Der Monteur meint, da müßte er eine, ich weiß nicht mehr was, holen, er käme noch mal. Oben klingelt das Telefon, ich hebe nicht ab, denke dann, vielleicht ist es was Wichtiges. Peter Michael aus Köln. Die Türglocke. Jemand will mir die Messer schleifen. Der Monteur kommt nicht wieder. Telefon. Ich denke der Monteur. Peter Michael, jetzt schon böse. Ich hänge ein. In zwei Stunden muß ich zu einer Vorstellung ins Allgäu. Ein aktueller Text fehlt mir noch. Wollte ihn eigentlich noch fertigbekommen. Telefon. Ich schreie fast: »Lassen Sie mich jetzt bitte...« Eine eingeschnappte Stimme fragt: »Ist unser Monteur bei Ihnen?«
Am Abend habe ich ein bißchen improvisiert. Es war der große Tag der Begegnung zwischen Regierung und Opposition. Man wollte den drohenden Notstand in den fünf neuen Bundesländern erörtern. Daß sie das immer noch so sagen, die Alten. Aus ihren Sätzen ist deutlich zu hören, daß sie am liebsten die fünf kaputten Länder sagen würden. Was die westliche Fürsorge angeht, möchte sich jedes der fünf für das sechzehnte halten, also kann man sie als die fünf sechzehnten Länder bezeichnen.
Dem Kanzler war das ganze Gespräch zu dumm, weil er sich

sagte, was muß ich mich mit den Sozis unterhalten, wenn ich dann meinen Scheiß sowieso allein mache. Waigel grinst diakonisch, also hilflos und ohne Mittel. Steuererhöhung? Niemals!
Und ich denke mir: Noch bevor ich meine Stimme bei der nächsten Wahl im Schlitz der Geschichte verschwinden gesehen haben werde, wird der Hammer der Lüge zugehauen haben.
Noch nie hat eine Regierung eine so jämmerliche Figur gemacht, noch nie so deutlich gezeigt, daß sie nun auch noch die letzte Scham losgeworden ist.
Vielleicht ist, wenn dieses Buch gelesen werden kann, der berühmte Mantel der Geschichte schon über ihr zusammengeschlagen. Sicherlich ist es nicht so, daß die Lage dieser Länder sie nicht hie und da bedrückt, aber so gelassen Herrn Frey den Weg in den Bundestag zu öffnen, der nichts anderes versprochen hat, als die Fremden rauszuwerfen, und behauptet, dadurch Arbeitsplätze frei zu machen, das kann schon dazu führen, daß anders abgerechnet wird. Vielleicht werden es die fünf grünen Länder? Naja also, das geht natürlich zu weit.
Es gibt eine Menge Leute, denen es inzwischen ziemlich wurscht ist, ob die Stulle, die sie essen, freimarktwirtschaftlich verdient oder eine Planstulle ist.
Ein sehr besorgter CDU-Redner hat, ich habe es gehört und gesehen, in Dresden folgendes dazu gesagt: »Wir müssen dafür sorgen, daß unsere Jugend nicht nur auf einem Auge blind wird.« Auf beiden wäre ihm lieber. Und da sind wir wieder bei dem Spruch: »Augen zu – CDU.«
Ja, Freunde, das Eis ist dünn – da müssen wir durch, durch das Eis.

Die alten Dreckschleudern müssen wieder aus den Ställen geholt werden und übers Land ziehen. Dem Gegner ein Bonbon ans Hemd kleben, das er nicht wieder loswird. Der Pfeifer muß rekrutiert werden. Und alles wie gewohnt. Fromm, treuherzig, daß sich Minenhunden die Haare aufstellen, singen sie Psalmen, greifen in die Leier und treten zum Beten dem Feind mutig entgegen. Der heilige Zweck säubert die Mittel.
Der Höhepunkt des Vertrauens in unsere Politiker ist anscheinend überwunden. Man kann es aber noch positiver ausdrücken: Die Talsohle des Vertrauensschwundes ist erreicht. Sie werden auch langsam unruhig. Aber nicht genug. Erinnern wir uns an den Fall:
Auf einem Schiff im Hamburger Hafen findet die Wasserschutzpolizei unvermutet Panzer. Der damalige Verteidigungsminister hob die Hände und sagte, er hätte damit nichts zu tun, ihm würden sie nicht gehören. Daran war man schon gewöhnt, so vergessen sich diese Sachen bei uns am besten. Es gibt Fälle, die innerhalb von Stunden verjähren. Eigentlich hätte Kiechle etwas wissen müssen, als Landwirtschaftsminister, weil die Panzer als landwirtschaftliche Nutzfahrzeuge deklariert waren, was man diesen Fahrzeugen sofort angesehen hat, geländegängig und diese langen Rohre. Wahrscheinlich zum Gülleschießen, aber Kiechle hielt sich auch raus. Nun passierte eigentlich gar nichts mehr.
Irgend jemand erklärte, daß da kein großes Theater nötig wäre, weil die Panzer traditionsgemäß an Israel geschickt würden, denn die Israelis hätten eine Vereinbarung mit uns, daß sie unsere abgelegten Waffen übernehmen, und das wäre schon lange bekannt.
Also eine allen bekannte Geheimsache, und als landwirt-

schaftliche Nutzwaffen sind sie deswegen versteckt worden, weil man der Hafenpolizei ja nichts sagen konnte, denn die weiß, daß nach dem Gesetz keine Waffen in Spannungsgebiete geliefert werden dürfen. Man darf keine Polizei dazu verleiten, kriminell zu werden. Außerdem müssen wir, das ist seit längerem schon eine Forderung von Abgeordneten, die unsere Rüstungsindustrie betreuen, das Wort Spannungsgebiet neu definieren! 260 000 Arbeitsplätze wären in Gefahr, wenn wir uns an dieses Gesetz halten würden. Also dort liegt das eigentliche Spannungsgebiet.
Wir stopfen die Löcher in unseren Kassen mit den Löchern in den Köpfen wildfremder Soldaten und Rebellen. Wenn wir's nicht tun, tun's andere. Und der Anschluß an die Weltspitze!
Außerdem zieht da die Konjunktur wieder an. Und warum? Man kann nachlesen, daß der Soldat als solcher heute viel schwerer umzubringen ist als im letzten Krieg. Man braucht heute pro Soldat 17 800 Kilo Munition. Es wird noch viel daneben geschossen, und das soll auch so bleiben.
In puncto Waffenschieben, Verzeihung: -schicken, gibt es eine hervorragende Gemeinsamkeit der Demokraten. In dem Fall kann keiner so leicht auf die Fresse fallen – wenn er sie im richtigen Moment hält.
Das ist durchaus verständlich. Ein Fleischbeschauer, der am Schwein beteiligt ist, findet auch keine Trichinen.
Es geht ja auch gar nicht, da Sauberkeit hineinzukriegen. Nehmen wir mal an, es wohnt einer Wand an Wand mit einem Ehepaar, das sich dauernd prügelt. Eines Tages kommt der Mann und sagt: Verkauf mir deine Pistole. Und der andere sagt: Kommt nicht in Frage, ich liefere keine Waffen in Spannungsgebiete. Dann geht doch der zum nächsten

Nachbarn, und der gibt sie ihm, und zwar mit der Begründung: Damit endlich Ruhe ist!
Und darum soll endlich auch mal Schluß sein mit der unsinnigen Forderung, ausgerechnet wir Deutschen sollten kein Geld daran verdienen. Wenn Staatssekretär Riedl so etwas sagt, kommt das an.
Warum sollen wir unseren alten Waffenbrüdern, den Türken, keine Waffen verkaufen? Erstes Argument: Sie haben Geld. Zweites Argument: Sie brauchen sie. Und drittens? Wen geht das etwas an, wenn sie damit ihre eigenen Staatsangehörigen erschießen? Das sind innere Probleme, das heißt ihre.
Wenn unsere Kurden sich in den Bergen verschanzen und von dort aus auf uns schießen würden, wir würden auch keine Bonbons über Berchtesgaden abwerfen.
Die Türken lieben ihre Kurden auf eine unglückliche Art. Sie wissen, daß Kurden Kurden sein wollen und partout keine Türken, so wie die Basken Basken sein wollen und die Bosnier Bosnier. Aber die Vaterländer wollen einfach von ihnen geliebt werden. Und sie drohen ihnen mit dem Finger. Mit dem Finger am Abzug.
Oder wollen sie sie nur über die Grenzen jagen und das Land behalten, das von denen seit jeher bewohnt wird?
In ihrer Unschlüssigkeit haben sie erstmal Bomben auf ihre Kurden geworfen. Ein Druckfehler, weithin unbeachtet, in der »Süddeutschen Zeitung« vom 30. März '92, hat schon eine Vorklärung herbeigeführt: »...Bomben auf die Zuvilbevölkerung...«

# »OVERBOOKED«

Dieses Wort wird vielen in die Glieder fahren, die nach zehn Stunden anstrengender Reise mit Kind, Kegel, Boccia-kugeln, Schlauchboot, Wasserski, Surfbrettern an irgend-einem Gestade, in irgendeinem Hotel ihrer Vorauswahl ankommen, und ein kühler Portier schleudert einem das Wort »Sorry, completely overbooked« entgegen.
Da fallen funktionierende Familien auseinander, da hilft kein Hinweis darauf, daß man schon kurz vor Weihnach-ten ... neinnein, das ist aussichtslos. Da hilft nur ein Hun-derter. Man muß diesen Hunderter (im Moment kenne ich die Preise nicht mehr, denn ich mache solche Reisen nicht mehr) schon bei der Buchung der tollkühnen Unterneh-mung in Gedanken draufrechnen.
Die letzte Reise dieser Art habe ich zusammen mit Renate vor kurzem unternommen: »In die Türkei! Der ganz große Tip des Jahres. Italien, Spanien, Griechenland, Tunesien, Malediven, alles kann man vergessen. Das junge, ausgeruhte Touristenparadies Türkei mit seinen weißen Stränden und seinem tiefblauen Wasser, seinem freundlichen Service läßt Sie alles, was Sie in den alten Ländern vermißt haben, wieder entdecken!«
Ich wollte Renate mit dieser Reise überraschen. Alles fabel-haft geplant! Ich stoße mein Auto mit dem Kühler in den Süden. Aha, sagt sie, Italien. Richtig. Heiß genug ist es. Aber jetzt könnte es eigentlich aufhören. Hört nicht auf. Schon

bei Rosenheim 30 Grad. Irgend jemand aus Herford zeigt mir den Vogel, ich zeige ihm auch einen. Dann vier Stunden bis Verona. Renate wird unruhig. Will er mit mir an die Adria? Ich schaue auf die Uhr, wir müssen uns beeilen. Es ist Mittwoch, 14 Uhr. Dann sieht sie ein Hinweisschild. Was denn? Etwa Venedig? Mitten im Sommer? Ich nicke, fühle mich überlegen. Ich allein weiß, wie es weitergeht. Am Hafen in Venedig biege ich ab. Inzwischen 35 Grad. Kein Mensch zu sehen. Ich erkläre Renate, daß wir von hier aus mit dem Schiff nach Istanbul reisen werden. Kein Schiff zu sehen. Mein Reisebüro hatte mir gesagt, Mittwoch, 18 Uhr, legt die Fähre ab. Wir irren herum. Renate gießt ihre Schuhe aus.
Ich frage einen Italiener in einem kleinen Büro, wo denn das Schiff sei. »Welches Schiff?« möchte er wissen. Ich sage ihm Namen und Abfahrtszeit. »Alles richtig«, sagte er, »aber das fährt erst am Samstag.«
Schade. Mein Nimbus als Reiseleiter war irgendwie geschädigt. Aber wir sind mit einem prächtigen Schiff am Samstag abgefahren, hatten wunderschöne Tage bis Istanbul, und fuhren dort in eine brüllende Hitze von exakt 48 Grad.
Einen schönen Abend in dieser wunderbaren Stadt hatte ich mir vorgestellt, aber alle Freunde, die ich von einer Reise im Jahr zuvor kannte, hatten mitteilen lassen, sie wären vor einigen Tagen aus der Stadt geflohen, auch für Türken zu heiß!
Unser Hotel hatte den Charme eines Güterbahnhofs. Das Foyer war gefüllt mit den Passagieren von zirka drei bis vier Bussen. Das Abendessen nahmen wir dort nicht mehr ein.
Renate mit flehendem Blick: »Ich will nach Hause.«
Am nächsten Morgen entkamen wir der Stadt. Nur zweimal

SIE BEFINDEN SICH HIER
WIR BEFINDEN UNS HIER!
Türkei

hatte ich mich verfahren, es dauerte unter Mitnahme zweier Staus ungefähr drei Stunden.
Aber, so sagte ich zu Renate, wir fahren an eine wunderschöne Küste, ich habe in dem berühmtesten Badeort der Westküste ein Fünf-Sterne-Hotel gebucht. Als Reisegestalter wollte ich einfach kein Risiko eingehen.
Ein bißchen habe ich das Land ja schon kennengelernt. Sinasi Dikmen, Freund und Kollege, deutscher Kabarettist, nein, türkischer Kabarettist in deutscher Sprache aus Ulm, hatte mir drei Wochen lang sein Land gezeigt. 4000 Kilometer sind wir zusammen gefahren, und ich bin heute noch hingerissen von Land und Leuten. Und das, dachte ich, zeige ich jetzt Renate.
Autofahrt von Istanbul über Izmir nach Kushadashi. Wenn ich mich recht erinnere, so ungefähr sieben Stunden. Außentemperatur 49 Grad. Dafür kann niemand etwas, am allerwenigsten ich, der Reiseleiter, aber es verschwitzt die Reiseatmosphäre ein wenig. Endlich das Hotel!
Der Portier schaute uns an, als hätten wir widerrechtlich Mülltonnen statt Koffer in der Halle abgesetzt. Portiers in Sechs-Kochmützen-Hotels schauen wenigstens abwartender. Unsere Namen schien er nicht zu kennen, auch nach mehrfachem Studium der Besetzungsliste nicht. Noch hatte ich ja das Gefühl, eine Tour de France gewonnen zu haben, und hielt ihm triumphierend unseren Voucher entgegen. Er sagte nur, reserviert war unser Zimmer offenbar leider nicht: »Overbooked.« Rotlicht! Der Vandalismus kam in mir hoch.
Den Manager, forderte ich. Er rauschte heran wie ein andalusischer Großgrundbesitzer zu Pferde, und von dem herunter fragte er, welchen Wunsch wir hätten. Ein sicherlich

hervorragend geschulter, wohlgekleideter Hotelfachherr, der vier Sprachen beherrscht, aber was hilft es, wenn er in allen vier Sprachen unverschämt ist.
Ich wußte nicht, wie hoch die Bestechungssummen in türkischen First-class-Hotels waren, ließ davon ab und bestand auf unserem Recht. Dieses entfällt automatisch bei dem Wort »Overbooked«. Das heißt: voll ist voll, nicht unsere Schuld. »Overbooked« ist höhere Gewalt. Ich sagte ihm, daß ich das verstünde. Wenn Freunde seines Direktors kein Zimmer bestellt haben, aber eins möchten, dann ist das höhere Gewalt. Jetzt wurde er auch noch böse. Wir wurden in ein Ausweichhotel umgelegt. Später durften wir dann kommen. Wir hätten es bleiben lassen sollen. Das Hotel war nicht einmal drittklassig. Das Essen war eine tägliche Heimsuchung mit einem durchorganisierten Schleuderservice. Mindestens hundert junge Menschen in dicken Livrees hasteten verschwitzt und verschreckt mit falschen Essen zu falschen Tischen, wurden zusammengeschimpft, und durch alle Räume zog der Essensgeruch. Alle unteren Chargen in diesem Haus arbeiten für Hungerlöhne und sind froh, daß sie diesen Job haben. Nach dem dritten Fehler fliegen sie. Tourismus ist die Wiedererweckung der Sklaverei.
Das alles hat nur am Rande etwas mit der Türkei und den Türken zu tun. Es schien mir nur, daß man es in der Türkei in Rekordzeit geschafft hat, was Italiener, Spanier und Griechen mit ihren Stränden in dreißig Jahren erreicht haben. Das nebenbei. Für mich war ja die Hauptsache, daß ich als persönlicher Reiseleiter von Renate total versagt hatte. Noch hoffte ich auf die Rückreise zu Schiff.
Ein lustiger Dampfer. Viele junge Deutsche, die mit Zelt und Wohnwagen gereist waren, wunderschöne Erlebnisse hat-

ten, wobei mich Renate immer ansah und ich dann wegsah, sehr viele in Deutschland arbeitende Türken, die zurückfuhren und die sehr kontaktfreudig waren. Man schrieb sich Adressen auf, trank miteinander, es wurde getanzt.
In einer der Nächte starb einer der türkischen Männer, mit denen wir am Abend noch zusammengesessen hatten. Herzversagen. Er war noch jung. Seine Frau und seine zwei kleinen Kinder waren mit ihm. Auf dem Schiff war es plötzlich ganz still. Wie von selbst bildete sich so eine Art Hilfskomitee. Die Frau brauchte Geld für die Rückreise mit ihren Kindern, denn ohne ihren Mann konnte sie in Deutschland nicht leben. Man ging zum türkischen Kapitän und bat ihn, die Leiche des Mannes sowie Frau und Kinder auf der Rückfahrt mitzunehmen. Der Kapitän lehnte ab, verwies auf Vorschriften.
Kurz darauf verbot er auch eine Geldsammlung auf dem Schiff. Innerhalb einer Stunde sprach es sich herum. Die Stimmung gegen den Kapitän wurde gereizt. Es wurde gesammelt. Türken und Deutsche haben einen nicht überwältigenden, aber doch ansehnlichen Betrag zusammengebracht. Am Abend lud der Kapitän, wohl als Beschwichtigungsgeste gedacht, die türkischen Frauen des Komitees zum Essen an seinen Tisch. Sie kamen geschlossen. Alle hatten sie schwarze Kleider angelegt.
Die nächste Schwierigkeit entstand in Venedig. Die italienische Polizei weigerte sich, den Sarg an Land zu lassen. Drei bis vier Stunden wurde verhandelt, während dieser Zeit saßen wir auf unseren Koffern. Kriminalpolizei war an Bord. Vielleicht ein Mord? Verhöre der Frau, der Freunde. Dann ließ man uns aus dem stickig heißen Käfig.
Aber niemand von denen, die dabei waren, wird genau sagen

können, was mit dieser Frau, ihren Kindern und ihrem verstorbenen Mann dann wirklich geschehen ist. Dem Kapitän ist sicher nichts geschehen.

Ich habe Renate versprochen: Sollte ich mal meinen Beruf wechseln, Reiseleiter werde ich nicht.

Ach ja! Ich hatte am Anfang dieser Geschichte ganz vergessen, warum mir ausgerechnet diese Geschichte wieder eingefallen ist. Ich hatte mir für diese Reise extra eine leichte, aber nicht zu leichte Jacke gekauft, weil's am Meer doch abends immer etwas kühl wird. Nach dieser Reise habe ich die Jacke nie wieder angezogen.

Inzwischen habe ich es überwunden und fand in der linken Tasche einen Wutzettel, den ich schon nach drei Tagen in diesem Hotel geschrieben habe.

!

Ins Reisebüro gehen!
Sofort nach Ankunft!
Alle warnen!
Nie ins Hotel TOSAN
in Kuşadası !!!

# ES BESTEHT ÜBERHAUPT KEIN GRUND ZUR BERUHIGUNG

Es ist zu vermuten, daß eine Reihe von denen, die auf diesem Schiff eine große Sympathie für die türkischen Frauen in Schwarz hatten, zwei Wochen später, im Kreise ihrer anderen Lieben, eine ganz normale Ausländerfeindlichkeit wieder aufgenommen hat. Vielleicht sind viele Deutsche auch nur einmal im Jahr ausländerfreundlich, nämlich dann, wenn sie ins Ausland fahren. Dabei hat das Wort Ausland bei uns immer einen hohen Stellenwert gehabt. Das heißt ja entkommen, entweichen, einer Sache aus dem Wege gehen, und das ganz besonders für Leute, die Konzerne ausgeplündert haben oder ihre eigenen Banken beklaut oder sonst ein Kavaliersdelikt auf ihr Konto geladen haben. Kapitalflucht zum Beispiel nennt man es, wenn einer sein Kapital im Ausland unterbringt, aber wiederkommt. Geht er mit seinem Geld mit, ist es Kapitalistenflucht. Dann bleibt er und ist Ausländer. Schwieriger wird es, wenn es in Europa gar keins mehr gibt, kein Ausland. Dann verpufft ja dieser Ruf »Ausländer raus!« völlig.

Naja, ein Schweizer war ja in dem Sinne nie ein Ausländer. Weil man nie den Verdacht hat, er kommt aus einem armen Land und will hierbleiben.

Überhaupt gelten Menschen, die nicht hungrig, habgierig und zerlumpt aussehen, nie als Ausländer. Nur wenn herauskommt, daß einer nicht so aussieht und trotzdem einer ist,

dann ist das wieder der Beweis, daß ein Ausländer bei uns reich werden kann, während ein Eingeborener Schnürsenkel fressen muß.
Am besten wäre es, wenn alles stimmt: wenn er eine Gesichtsfarbe hat wie ein braunhäutiger Magenkranker, zerlumpt ist und gefährlich schaut.
Japanern würde man sofort ansehen, daß sie Ausländer sind, aber die anderen Bedingungen erfüllen sie nicht. Daß sie immer gefährlicher werden, ist eine ganz andere Sache, und es *sind* auch ganz andere. Man sieht sie auch gar nicht, weil sie immer schon dagewesen sind, wenn die Konkurrenten irgendeinen fetten Braten gerochen haben.
Und das Allergefährlichste ist: Manche Japaner sehen gar nicht mehr aus wie welche! Es muß doch aufgefallen sein, daß sie größer geworden sind. Sie wachsen mit ihren Zielen, und sie haben gewaltige. Nachdem ihnen schon Hollywood gehört, wer will es ihnen verwehren, wenn sie Appetit haben auf den Springerkonzern?
Der Verdacht, daß Leo Kirch ein Japaner ist, ist dort schon viel früher aufgetaucht! Ein emsiger Sammler von Filmen, Filmfirmen, Sendern, Senderechten, Anteilen, ein Mann, der mit seinen zehn Fingern nicht auskommt, denn wenn man nachrechnen würde, wie viele er irgendwo drin hat, müßte er mindestens an jeder Hand dreißig haben.
So ist er, der Japaner: arbeitslüstern, umtriebig, freizeitscheu, unangenehm vorbildlich.
Neidisch schauen unsere Unternehmer nach Japan, wo der Arbeitnehmer angeblich sich als Eigentum des Chefs empfindet, an seinem Arbeitsplatz das Lager aufschlägt, wenn es die Lage erfordert, nachts schuldbewußt aus dem Schlaf aufschreckt und weiterarbeitet, keine Stunde als Überstunde

notiert, ja sogar einen vorübergehenden Leistungsabfall als Unterstunde meldet. Er kennt die Trennung von Dienst und Privatleben überhaupt nicht, sein Kind wird im firmeneigenen Kreißsaal zur Welt gebracht und der Firma zum Geschenk gemacht. Er selbst stirbt im firmeneigenen Krankenhaus, seine Asche geht in den Besitz der Firmenleitung über, sein Erspartes natürlich auch. Seine Witwe wird sicherlich nach einer angemessenen Zeit mit einem firmeneigenen Witwer wiederverheiratet. So soll es sein. Und nur so kann es sich der Japaner leisten, den führenden Wirtschaftsweltmächten die qualmenden Hacken zu zeigen.
Staunend sieht's die übrige Welt. Betroffen erkennt der Europäer, daß seine verlotterte Arbeitsmoral, seine liberalistische Lebenseinstellung, seine »IchwillvomLebenwashaben«-Verblendung der Grund ist für seinen armseligen vierten Platz in der Weltrangliste der schaffenden Völker.
Ganz besonders der schaffende Deutsche gilt als überteuerte Fehlinvestition. Je mehr Lohn in ihm verschwindet, um so mehr freie Zeit fordert er, um das Geld ausgeben zu können. Natürlich wissen Wirtschaftsexperten, daß das sogar notwendig ist, um den Geldkreislauf nicht zu unterbrechen.
Vor 100 Jahren waren sich alle Industriellen einig, daß der Arbeiter in den Fabriken mit seinen zwölf Arbeitsstunden pro Tag bei der Rentabilitätsabrechnung an letzter Stelle steht. Erst der Unternehmer Borsig soll darauf gekommen sein, daß der Arbeiter nicht nur Lohnkosten verursacht, sondern dieses Geld auch wieder ausgibt. In vielen Fällen sogar für die Produkte, die er selbst hergestellt hat! Eine damals völlig neue Erkenntnis!
Die noch jungen Gewerkschaften – auch damals schon lästig mit ihrem Beharren darauf, daß Arbeiter auch als Menschen

zu gelten hätten; hie und da mußte man schon mal Militär einsetzen, um sie von den Plätzen zu vertreiben – rechneten nach, was für ein Käuferpotential der Arbeiter darstellt! Da staunten sie, die Fabrikanten.

Bis dahin hatte man ihn so eingeschätzt wie die blinden Pferde, die in den Bergwerken die Grubenhunde zogen, und die man nach Feierabend der Einfachheit halber (sehen konnten sie ja ohnehin nichts mehr) unten im Schacht ließ. Nun schien es plötzlich so, als ob man sogar an ihm verdienen könnte. Weit vorausschauende Industriemagnaten bauten ihm gar Siedlungen, Häuschen mit kleinen Gärten, gestatteten ihm, Möhren und Blumen anzubauen, Kaninchen zu füttern. Das hatte den Vorteil, sie zusammenhalten zu können.

Kontrolle ist besser als gar nichts.

Aufsässigkeiten konnten im Keime erstickt werden, der Polizist war ohnehin Eigentum der Firma.

Schullehrer, Pfarrer, Gastwirte wurden erst nach sorgfältiger Prüfung durch die Firmenleitung zugelassen. Bei großen Festen erschien auch mal der Firmenchef persönlich, was zu Begeisterungsstürmen führte, die man heute Standing Ovations nennt.

Da waren also schon Ansätze zur Japanisierung der deutschen Arbeitswelt. Heute muß der Arbeiter selbst sehen, wie er durchs Leben kommt. Und wo ist er? Immer wieder taucht die Vermutung auf, daß es ihn gar nicht mehr gibt, den schwer schreitenden Lohntütenempfänger mit dem Henkelmann und der abgegriffenen Schirmmütze, die er nicht nur wegen der rauhen Witterung trug, sondern auch, um sie artig vor den Mächtigen zu ziehen. Man hat ihn weghumanisiert. Es wird behauptet, die Sozialdemokraten suchten ihn noch,

was ich aber nicht glaube, weil Herbert Wehner vor vielen Jahren schon energisch darauf hingewiesen haben soll, daß ein Umdenken nicht schaden könne. Schließlich, meinte er, hätten die Sozialdemokraten selbst wesentlich dazu beigetragen, daß dieser Typus verschwunden sei, und es wäre an der Zeit, das zur Kenntnis zu nehmen.
Daß sie sich bei größeren Feiern hie und da noch etwas verlegen bei den Händen fassen und »Brüder zur Sonne zur Freiheit« singen, kann nicht davon ablenken, daß sie sich Gedanken machen.
Sicherlich gibt es immer noch Arbeiter, die so aussehen, aber dann ist man sich nicht sicher, ob man nicht den falschen anspricht. In den meisten Fällen ist das dann ein Lehrer oder ein Schauspieler, oder es ist gleich der Tragelehn, und der ist Regisseur. Schweres, schwarzes Leder sollte einen gleich warnen beim Ansprechen. Das Zeug ist meistens so teuer, daß sich das nur einer leisten kann, der von reichen Eltern auf die Uni geschickt worden ist.
Der Arbeiter heute ist in die Anonymität gerutscht. Er sieht so aus wie die anderen. Kabarettisten mußten das zu allererst erfahren. Wie leicht war es doch, Menschen in ihren Ständekleidungen darzustellen. Der Unternehmer die Melone, der Intellektuelle leicht verpudelt, der Arbeiter die Mütze. Fertig.
Er trägt einfach nicht mehr sein Kostüm, der Arbeiter auf der Straße. Er ist auch nicht mehr auf der Straße. Er sitzt im Auto und steht im Stau. Oder er steht auf einem Bau. Nach Feierabend.
Na und? Minister und Ministerpräsidenten verdienen sich auch was dazu. Sie sitzen in Aufsichtsräten, vertreten die Interessen des Staates und die Interessen des Unternehmens.

Wer da behauptet, beides ginge nicht, hat kein Vertrauen in die Menschen.
Käme jemand darauf, daß es wirklich nicht geht, hätte er große Schwierigkeiten, das nachzuweisen. Es gibt da keine frische Tat, auf der man den Minister ertappen könnte. Die Taten sind dann alle etwas älter.
Schwarzarbeiter sind nahezu mühelos zu ertappen. Und sie schädigen, heißt es, die Volkswirtschaft. Milliarden sollen es sein. Und da hört der Spaß auf. Vor allem, wenn man hört, daß Ausländer in besonderem Maße daran beteiligt sein sollen! Das bedeutet doch, daß die Ausländer den Deutschen nicht nur die reguläre Arbeit abnehmen, sondern jetzt auch noch die Schwarzarbeit! Und plötzlich, ja schau mal, steht er wieder da, der deutsche Arbeiter. In Bild und Ton. Neu entdeckt und frisch eingekleidet von der radikal-nationalen Front, droht er den Schwarzen, Gelben und Roten an, er werde dafür sorgen, daß dieses Land wieder sauber wird. Es scheint sich in den Köpfen festgesetzt zu haben, daß nur Deutsche sich waschen. Und das plappern sie nach, die verhetzten Glatzen mit dem schmalen Einzugsgebiet für Toleranz und Achtung vor Mitmenschen.
Fragen, wo für sie der Schmutz denn sei, den sie ausräumen sollen, beantworten sie ausweichend: »Ja, weil ja total alles ... der ganze Dreck eben ... und daß das Land wieder sauber wird ... dafür bin ich.«
Die Jungens, die da so offenherzig in die Fernsehkamera grinsten, hatten einen Tag zuvor in einem Ausländerheim Brand gelegt und hielten das für einen großen Sieg auf dem Weg in eine saubere Zukunft. Es war der Anstoß zu einer Welle von Gewalt in ganz Deutschland. Es wird nicht die letzte gewesen sein.

Wie immer lösten diese Vorgänge auch eine Vielzahl von Protestveranstaltungen aus, natürlich auch hastige Statements von vorübergehend aufgeschreckten Politikern, die, nach allem, was geschehen ist, zunächst dem Volk bescheinigen, daß es selbstverständlich damit nichts zu tun hätte.
Dabei kommt man immer wieder gern auf die Einzeltätertheorie zurück. Das war in diesem Fall nicht so leicht, denn es handelte sich um ungefähr vierzig verschiedene Städte und Dörfer, und da wäre eine Formulierung wie »Bürgerinnen und Bürger, gestern haben 600 verschiedene Einzeltäter mehrere einzelne Gewalttaten verübt…« etwas töricht gewesen.
In München fand eine, wie ich meine, sehr eindringliche Veranstaltung gegen Ausländerfeindlichkeit durch die Initiative »David gegen Goliath« statt. Man gab mir Gelegenheit, dazu einen Redebeitrag zu liefern.

»Inländer.
Es besteht überhaupt kein Grund zur Beruhigung.
Selbstverständlich ist die überwiegende Mehrheit des Volkes … selbstverständlich!
Es ist außerordentlich beruhigend zu hören, daß Politiker, Tennisspieler, Filmstars und Philosophen einen tiefen Abscheu gegen das Anzünden von ausländischen Mitmenschen haben.
Dieses kann man, im Gegensatz zu der prügelnden *verschwindenden* Minderheit, eine *auftauchende* Mehrheit nennen, die sich vor Wahlen dann noch um *die* Politiker vermindert, die auch Prügler und Zündler als Wählerstimmen nicht verachten.

Unser Verfassungsschutz, der nun langsam anfangen sollte, sie zu beschützen, hat in den letzten Jahren eine sehr bedenkliche Haltung dem Rechtsradikalismus gegenüber eingenommen. Er scheint immer noch der Meinung zu sein, daß derartige verschwindende Minderheiten eines Tages wirklich verschwinden.
Daß linke Minderheiten sich im Augenblick nicht so rasend vermehren, stößt bei Verfassungsschützern auf anhaltenden Zweifel.
Bei der Betrachtung der Leistungen unserer Verfassungsschützer besteht keinerlei Grund zur Beruhigung. Und das nicht etwa, weil hier Verantwortungslosigkeit eine Rolle spielen könnte, nein, von Verantwortung ist immer wieder und viel die Rede, und immer wieder übernimmt sie einer, was für den Betreffenden nicht allzu viele schlimme Folgen hat, sondern weil zunehmend der Verdacht aufkommt, daß es sich um pure Hilflosigkeit handeln könnte!
Und das ist überraschend. Gerade noch hatten wir heftig dagegen protestiert, daß der Staat zuviel weiß von uns, daß er bald jeden Gedanken von uns kennen wird, bevor man ihn gedacht hat, und plötzlich steht derselbe allwissende Staat vor dem Problem, einen Skinhead ausfindig zu machen, der Molotowcocktails in Ausländerheime wirft. Und das in einem Ort, in dem man sich am nächsten Tag haarklein berichtet, daß am Bürgermeisteramt ein Fahrrad umgefallen ist.

Es ist noch nicht lange her, da konnte man beruhigt feststellen, daß die verantwortlichen Vertreter des Staates jederzeit in der Lage waren, aufkommende

Unruhe im Keime zu ersticken. Polizisten in Hülle und Fülle.
Nicht jedem von ihnen gelang es da, einen zu prügelnden Demonstranten für sich allein zu finden. Manchmal mußten sich vier Polizisten einen teilen. Es müssen inzwischen Massenentlassungen bei der Polizei stattgefunden haben.
Nein, es besteht keinerlei Grund zu Beruhigung.
Zum Beispiel darüber, daß sich dieser oder jener offiziell von jeglicher Ausländerfeindlichkeit distanziert hat. Distanz diesem Problem gegenüber ist das Unwirksamste. Und das ist, was die überwiegende Mehrheit tut.
›Überwiegende Mehrheit‹ ist zudem ein ähnlich nebulöser Begriff wie ›überfrierende Nässe‹, denn wenn sie überfroren ist, ist sie nicht mehr naß, und eine überwiegende Mehrheit ist nicht bloß eine Mehrheit, sondern bereits eine Masse. Eine Masse aber ist eine Größe, der zu schmeicheln sich dem anbietet, der sie lenken möchte, um von ihr zu leben. Mit tatkräftiger Hilfe von Medien, die sich leichtsinnigerweise selbst Massenmedien nennen. Die ihr Ziel darin sehen, durch Informationsverringerung und Unterhaltungsvermehrung Einschaltquoten zu erreichen, und damit in Zukunft Programme herstellen werden, die man als vorsätzliche Kindes- und Erwachsenenmißhandlung bezeichnen kann.
Die Hoffnung, durch eine Änderung des Grundgesetzes in Zukunft Ausländer nicht mehr abschieben zu müssen, weil keine mehr kommen werden, hat inzwischen alle Parteien befallen. Man ist sicherlich der Meinung, daß sich diese Änderung in den arabischen und afrika-

nischen Ländern herumspricht. Sollten sie aber weiterhin kommen, ist die Schuldfrage bereits geklärt. Volker Rühe meinte, alle Folgen hätte die SPD zu tragen, weil sie die Grundgesetzänderung so lange hintertrieben hätte. So jagt ein Tiefsinn den anderen.

Ungeklärt ist ja auch die Frage, wie man denn die Grenzen gegen ungebetene Gäste schützen will, wenn es keine Grenzen mehr gibt? Sieht da die Bundeswehr vielleicht ihre zukünftigen Aufgaben? Oder ist gar schon jemand auf die Idee gekommen, aufgenommene Ausländer zu Ausländerabwehrbeauftragten zu machen, die zum Lohn für ihre Tätigkeit bleiben dürfen?

Die Hysterie wächst. Die Menschen sind geladen. Wann wird mit ihnen geschossen?

Es gibt keinen Grund zur Beruhigung.«

Ich habe in dieser Rede vergessen hinzuzufügen, daß ein Bayreuther Gericht einen Justizbeamten freisprach, der mit dem Ruf an seine Häftlinge: »Deutsche zum Duschen – Ausländer zum Vergasen!« für Aufsehen gesorgt hatte. Es gab auch Zustimmung. Das Urteil: »Eine Strafbarkeit liegt nicht vor, weil die Tat nicht geeignet ist, den öffentlichen Frieden zu stören.«

Unvergessen ist auch die launige Aussage des damaligen Bürgermeisters von Vilshofen, Herrn Kiewietz, der das Problem so zusammenfaßte: »Übertriebene Menschlichkeit schadet den Interessen des deutschen Volkes. Heute geben wir den Asylanten Fahrräder und morgen irgendwelche Töchter.«

Was der Mann für Töchter hat, weiß ich nicht, irgendwelche hat er gesagt, vielleicht hatte er nicht mehr den Überblick,

aber das liegt vielleicht daran, daß er Töchter nicht so mitzählt, sich die Söhne besser merkt, die, wenn sie so sind wie der Vater, schon zuhauen würden, wenn »Asylanten« eine Schwester anmachen. Das haben in den ersten zehn Jahren nach dem Krieg nicht einmal Flüchtlinge gewagt in Niederbayern. Der Unterschied zwischen Flüchtlingen damals und Asylsuchenden heute ist nicht so groß.
Die Idee, daß man ihnen Fahrräder gegeben hätte, ist geradezu absurd. Es sei denn, mit dem Versprechen der Flüchtlinge, damit wieder dorthin zu fahren, wo sie hergekommen sind.
Es wäre auch eine Verbesserung gewesen. Sie galten als die »Dahergelaufenen« und wären dann die »Dahingefahrenen« gewesen.
Ein Stadtrat soll dem Bürgermeister gesagt haben: »Wenn meine Tochter mit einem Asylanten daherkäme, ich würde ihr sagen, gib ihm ein Fahrrad, vielleicht fährt er dann wieder heim.«
Es gibt Töchter, bei denen das eine glückliche Lösung wäre. Der Bürgermeister hat wahrscheinlich damals falsch investiert. In das Fahrrad. Der Ausländer ist damit zu seiner Tochter gefahren.

# TOTE SIND GLEICHBERECHTIGT

16$^{33}$

War am Grab, viel Laub von der Eiche.
Die kleine Schaufel ist gestohlen.
Der Gärtner kam diese Woche nicht, hat 3 neue Gräber.
Ein Mann aus der Nachbarschaft war da, sein Sohn feiert Geburtstag. Hat eine Rockband, es wird laut.
Renate sagt, Du sollst an die Tomaten denken.
Reiner Panwitz läßt Dir ausrichten, Du möchtest das Wippchen nicht vergessen, wenn Du heut nach Augsburg kommst.

Gruß Agi

Schwägerin Agi ist der lebende Gegenbeweis für die Behauptung, daß man alles müheloser überleben kann als die Verwandtschaft. Sie kommt, kuckt, überlegt, packt zu, und schon ist man die Hälfte der Probleme los, die man mit dem Haus hat.
Sie war also da, hat vorher Irenes Grab besucht, hat mit Renate und Reiner ... halt! Moment! Wieso bin ich heute in Augsburg? Rauf ins Büro. Terminkalender. Stimmt. Alles fein eingetragen. Vorstellung in Augsburg mit den Mehlprimeln. Gut gemacht. Uhrzeit. Adresse. Ich sollte nur hin und wieder hineinschauen. Zettel auf die Treppenstufen: »Terminkalender!!«
Also nach Augsburg. Was für ein Glücksfall, ich entkomme der Rockband. Rock ist was ganz Wunderfeines, Lebendiges, geht in den Bauch, in die Beine, mir geht er nur in die Geräuschabwehrzentrale. Kinnhaken für die Ohren.
Ja doch, ja doch! Jünger werde ich nicht mehr. Vielleicht im nächsten Leben, das dann von hinten nach vorn verläuft.
Eine Rockband, die es darauf abgesehen hat, einer tanzenden Gesellschaft die Verantwortung für jegliche Unterhaltung abzunehmen, bis nur noch bäuchlings lächelnde Tanzbären zueinander hupfen, entwickelt mühelos verstärkt die Zahl an Dezibels, die ein startender Düsenjet den Ohren mitgibt. Aber die Menschen scheinen immun geworden zu sein. Sie ertragen klaglos alle Geräusche, die ihr motorisierter Alltag hervorbringt. Ihr Nachbar schneidet seinen Rasen mit einem knatternden, jaulenden Motorrasenmäher, obwohl er die paar Quadratmeter mit den eigenen Zähnen abknabbern könnte, der andere Nachbar schneidet sein Brot mit einem Super-Turbo-200-Messer, der Fernsehapparat schreit auf die Straße, das Radio ist auch in der Konkurrenz, gegenüber

schneidet einer seine Hecke, mit dem Krach könnte man leicht ein Formel-1-Rennen synchronisieren, zwei Motorräder brausen vorbei, spielen Hockenheimring, an der Straßenecke heult eine Warnanlage auf, weil eine Katze in die Nähe gekommen ist, ein anderer bohrt Löcher in die Wand, weil er ein Stilleben aufhängen möchte, zwei Hubschrauber dröhnen tief über die Hausdächer, bringen die Verwundeten von der Autobahn ins Krankenhaus, die Funkstreife tatütata über die Kreuzung. Mittendrin, auf ihren Koffern sitzend, ein junges Ehepaar, das sich schreiend, aber unbeirrt darüber unterhält, daß Opa eigentlich sterben wollte und sie dann mit gutem Gewissen in den Urlaub fahren könnten, aber Opa funktioniert einfach nicht. Der Arzt kommt aus Opas Zimmer und teilt mit, Opa könne nicht sterben, es sei ihm zu laut.
An der Gesundheit kann es nicht liegen, daß die Menschen immer älter werden.
Auch nicht am Trotz der Alten: »Nee, Kinder, soo leicht bin ich nicht zu beerben.«
Es liegt sicherlich auch nicht daran, daß der Staat einen Ehrgeiz hat, den alten Menschen einen langen, würdigen Lebensabend zu bescheren. Würde er das wollen, müßte man zumindest einmal gehört haben, daß der Bundestag sich Gedanken gemacht hat über die Straffälligkeit von Menschen, die privatwirtschaftliche Seniorenheime gründen, die Opfer abräumen, einwickeln, abwickeln und dann einstekken, was übrigbleibt.
Alte Menschen abwickeln ist einträglich geworden.
Abschöpfen ist auch ein richtiges Wort dafür. Alte haben Zukunft! Viel ist vom einzelnen nicht zu holen, aber die Menge macht's.

Wir haben dieses unpopuläre Thema einmal zu einer Sendung gemacht. Jochen Steffen, über eine lange Zeit Politiker in Schleswig-Holstein gewesen, lebendes Gewissen der Sozialdemokraten, eckig, listig, immer informiert, nie um einen Witz verlegen, wenn er der Wahrheitsfindung diente, gefürchtet von den Karrieremachern, weil er sie durchschaute. Leider ist Jochen viel zu früh gestorben. Sein Witz, seine Courage und seine Kenntnisse über den Beruf des gehobenen Politikers waren gefürchtet. Damals schon hatte er vor einem Mann wie Barschel dringend gewarnt und Stoltenberg als Auslaufmodell bezeichnet. Das zu einer Zeit, als dieser seine große Karriere noch vor sich hatte. Aus dem Stand konnte er erklären, wie Sozialismus gehen könnte, allerdings wußte man nach der Erklärung, daß er nicht geht. Da er das nun auch öffentlich tat, mit grimmigem Humor, unter Auslassung aller üblichen Floskeln, dabei seine Schleswig-Holsteiner genau kennend, war er eine ständige Gefahr für die Erbhöfe der Christdemokraten in Kiel.
Der »rote Jochen« ist dennoch nie Ministerpräsident geworden. Sein Verhältnis zur Bonner SPD-Baracke muß auch nicht das beste gewesen sein. Zwischen Helmut Schmidt und Jochen muß keine große Liebe geherrscht haben. Es fiel dem Jochen zu Schmidt immer sehr viel ein.
Es gäbe noch viel Sympathisches über ihn zu berichten. Dieser Jochen Steffen hatte nach Beendigung seiner politischen Laufbahn beschlossen, Kabarettist zu werden. Ein Jahr später bekam er den deutschen Kleinkunstpreis.
Jochen nahm also in unserer Sendung die Rolle eines Altenheimbewohners an und brachte das Problem auf den Punkt. Auf seinen Punkt.
Ich bringe den Text von Jochen Steffen.

## DER INSASSE

»Ich als solcher bin gerne im Pflegeheim.
Schön ist das Pflegeheim. Beinahe so schön wie das Militär. Mein neudeutsches Pflegeheim ist die Fortsetzung des altdeutschen Barras mit ähnlichen Mitteln.
Das fängt mit der Zimmerbelegung an.
Dazu sagt der Senator Ehlers aus Hamburg sehr richtig: ›Wenn man im Berufsleben steht, kann man es sich sehr schwer vorstellen, in einem Sechsbettzimmer zu leben. Aber wenn man älter wird und einsam, sucht man die Gemeinschaft mit anderen Menschen.‹
Als ich in das Zimmer rein sollte, kam mein Vorlieger im Sarg raus. An mir vorbei. Tja.
Als Soldaten sind wir zu früh gestorben für die Herrschaft der deutsch-nordischen Rasse – als Opas sterben wir zu spät für die Rettung der staatlichen Sozialkasse.
Aber du weißt dann, was Text ist. Im Heim herrscht das vierdimensionale Sittengesetz:

Der Sozialstaat über dir,
die Verwirrtheit in dir,
die Rentenkürzung hinter dir,
das Krematorium vor dir.

Bis dahin ist das Erziehungsziel der pflegeleichte und wartungsfreundliche Opa. Zum Kommiß gibt es auch hier nur kleine Unterschiede.
Beim Barras kümmern sich die Vorgesetzten darum, daß sie dich unselbständig machen. Hier *mußt* du dich

unselbständig machen, damit sich die Vorgesetzten um dich kümmern.

Auch für den pflegeleichten, wartungsfreundlichen Opa gilt das oberste Kommißgesetz: Bloß nicht auffallen!

Mit einem kleinen Unterschied: Beim Militär haben sie dich fertiggemacht, wenn du aufgefallen bist – hier fällst du auf, wenn du dich nicht fertigmachen läßt.«

Das ist nur ein Ausschnitt aus seinen Texten für unsere Sendung. Es gab danach natürlich Ärger. Mehr als sonst. Die Arbeiterwohlfahrt, die Kommunen, die Altenpflegebeauftragten, die Altenheime spuckten Gift und Galle. Lügen, Unterstellungen, Überzeichnungen, Einseitigkeiten!

Wir waren darauf vorbereitet. Nichts war erfunden, aus bösen Fingern gesogen, alles war, leider, aus ersten Quellen.

Die stärkste Unterstützung bekamen wir von Pflegern. Zu einem ihrer Treffen fuhr ich nach Kassel. Dort erfuhr ich, was wir alles nicht gesagt haben. Der Pfleger ist Prellbock zwischen Pflegefall und Heimleitung. Die Heimleitung verlangt Disziplin, der Pfleger hat sie durchzusetzen. Wecken um fünf, windeln, füttern, und wieder ins Bett. Widerstand muß gebrochen werden, notfalls festbinden, im schlimmsten Fall Drogen. Der Pflegefall hat Anspruch auf 55 Pflegeminuten pro Tag, mehr nicht.

Mehr wird auch nicht bezahlt. Mittagessen, Abendessen, Licht aus. Alkohol ist verboten, Rauchen sowieso, Widerspruch wird nicht geduldet.

Es hat sich bis zum heutigen Tag nicht viel geändert. Aus den Sätzen des ehemaligen Hamburger Senators ist ja zu entnehmen, daß man das Problem der Altenheime für keins

hält. Im Gegenteil, meint er, in einem Sechsbettzimmer wohnen alte Menschen in fröhlicher Gemeinschaft. Das heißt, sie sind dort gut aufgehoben. Aufgeräumt. Sie haben das Ihre geleistet, Kinder auf die Welt gebracht, sie erzogen, sind Berufen nachgegangen bis zum Stichtag, an dem sie alt wurden. Danach sind sie Alte und unser Problem. Das haben wir im Griff. Außerdem stehen alle diese Heime unter strenger Kontrolle. Revisoren sehen nach dem Rechten. Etwas mehr als 500 Heime fallen auf einen Revisor. Wenn er kommt, ist alles in Ordnung. Wer sich beschwert, muß nachweisen, daß es zu anderen Zeiten anders ist.
Mehr als fünfzehn Jahre zieht man nun an dem Problem herum, den Menschen zu helfen, die sich entschlossen haben, die Pflegefälle in ihrer Familie selbst zu übernehmen. Bis heute haben sie das unter Aufbietung ihrer letzten Kraft und ihrer letzten Mark getan. Einmal in der Woche schickte man ihnen einen Pfleger, damit sie ein paar Stunden allein sein konnten, aber als der Sozialstaat seine sozialen Lasten dämpfen wollte, kam er schon in größeren Abständen. Was lag näher, als dem armen Volk eine Pflegefallversicherung vorzuschlagen. Ganz gleich, wie sie nun ausfällt, aber sie ist vernünftig. Bei Betrachtung der äußersten Notlage, in der sich Menschen befinden, hätte dieses Gesetz durchgepeitscht werden müssen. Aber in solchen Fällen zählen die Liberalen sofort erschrocken ihr Geld und legen sich quer.
Niemand scheint sich Gedanken darüber zu machen, daß wir alle innerhalb einer Sekunde zum Pflegefall werden können. Der reichste Staat Europas will seine Sozialfälle aus der Portokasse bezahlen. Er möchte am liebsten an der Krücke des Lahmen sparen.

Am 19. Dezember vergangenen Jahres las ich in der Münchner »Abendzeitung« – ein vorgezogener Aprilscherz, dachte ich – folgende Mitteilung:
»So wird Silvester zu einem echten Höhenflug: Die ARD lädt 25 Paare ein, den Jahreswechsel über dem Erdboden in einem Großraumflugzeug zu feiern und dabei auch noch einen Kunstgenuß zu erleben. Justus Frantz und die Warschauer Sinfoniker werden in luftiger Höhe Mozart und Rossini spielen... in Palma de Mallorca wird in einer Bar weitergefeiert, und um vier Uhr geht's zurück.«
Das hat, wie ich höre, tatsächlich stattgefunden! Frank Sinatra, José Carreras und Placido Domingo waren noch als Gäste angesagt, scheinen aber nicht gekommen zu sein. Vielleicht haben die Herren die Bedingung gestellt, daß ihnen anschließend das Flugzeug geschenkt wird.
Es wird Schule machen. Im nächsten Jahr wird an Silvester der Luftraum voller Partyflugzeuge sein. Sämtliche Stars der Welt werden sich singend und tanzend und zehntausend Meter über uns an jeweils dreißig hochvermögende Gäste verschwenden. Vielleicht hält auch der Kanzler seine Jahresabschlußrede von oben. Man wird in Nizza, Athen oder bei Aga Khan auf Sardinien landen, einen Schampus auf die Rollbahn gießen und wieder starten.
In dieser Nacht saß ich, nach einem gemeinsamen Auftritt in der letzten Sendung des DFF, mit Richard Rogler und Renate in einem Hotelfoyer, um ein Jahreswechselbier zu trinken. In fünf verschiedenen Sälen hatten fünf verschiedene Silvesterpartys stattgefunden. Eine Sättigung hatte offenbar stattgefunden. Wir studierten die Menükarten. Die Trennung der Gäste erfolgte durch Preisklassen. Von 170 DM bis 280 DM.

Wir versuchten an den Gesichtern abzulesen, wer welches Menü ... nicht möglich, sie sahen alle gleich erschöpft aus. Was hatten sie gespeist? Ein Blick quer durch die Menükarten:
»Filet vom Laikan-Lachs mit Kaviarwindbeuteln«
»Kalbsschwanzessenz mit Briesravioli«
»Feigensüppchen mit Wodkahaube«
»Gewürzkaffeemousse mit Andenbeerenparfait«
»Streifen von Rotzunge mit Artischocken und Champignons«
»Lachsvariationen an Sumpfdottersalat«
Die Damen und Herren sahen zufrieden aus, hatten vermutlich ein paar Kilo abgetanzt nach den Klängen des Pasadena Roof Orchestra, dem Royal Orchestra und der Take Seven Band. Große Namen, große Gagen, Umsatz in Ordnung, alles in Butter.
Auch die Kellner sahen zufrieden aus. Die Bekleidung der Gäste hervorragend. Schicke Damen, würdige Herren, keine Betrunkenen. Es macht sich. Die Deutschen haben mehr Geschmack, größere Souveränität, sind stilsicherer, schauen sich nicht mehr schuldbewußt nach Schlipslosen um, sondern zeigen, was sie haben. Endlich.
Es geht uns also gut genug. Wir können uns die Pflegeversicherung leisten. Locker!
Immer noch habe ich den spontanen Ausbruch von Norbert Blüm im Ohr, wonach Marx tot sei, Jesus aber lebe, und hatte gleich das unangenehme Gefühl, warum man einen umbringen muß, um den anderen leben zu lassen.
Marx hat geschrieben: »Das Geld ist der allgemeine, für sich selbst konstituierte Wert aller Dinge. Es hat daher die ganze Welt, die Menschenwelt wie die Natur, ihres eigentüm-

lichen Wertes beraubt. Das Geld ist das dem Menschen entfremdete Wesen seiner Arbeit und seines Daseins, und dieses fremde Wesen beherrscht ihn, und er betet es an.«
Stimmt immer noch. Könnte aber inzwischen auch der Herr Goeudevert gesagt haben. Eine Lebensweisheit. In mürrischen Phasen ist das auch denkbar aus dem Munde von Theo Waigel im Chefgespräch mit Norbert Blüm, der mehr Geld von ihm will.
»Theo, von wem ist das?«
»Von Marx, mein lieber Norbert.«
»Ich denke, der ist tot?«
»Totgesagte leben länger, Norbert.«
Undenkbar, dieses Gespräch. Ein Finanzminister kann gar nicht mehr nachvollziehen, daß ein Fünfmarkstück die Metapher für eine geleistete Arbeit ist. Er selbst hat kein Geld mehr. Trinkgelder bezahlt der Referent. Der Gegenwert seiner geleisteten Arbeit taucht in Zahlen auf seinem Konto auf. Eine besondere Bezahlung für eine besondere Leistung gibt es nicht. Die Beträge, mit denen er rangiert, sind nicht mehr Geld, sondern politische Argumente.
Ein Finanzminister hat keine Beziehung zum Geld. Daß ein von ihm dahingeworfener Betrag von 2,06 Milliarden auf der zweiten Stelle hinter dem Komma immer noch 60 Millionen bedeutet, fällt dem Informationsverbraucher gar nicht mehr auf. Dafür muß einer fleißig Lotto spielen.
Für mich war Geld nie das entfremdete Wesen meiner Arbeit. Ich konnte mich an jede Mark erinnern, die ich nicht bekam, wenn unten weniger Zuschauer saßen, als Schauspieler auf der Bühne waren. Das gab's einmal, 1957, als wir vier oben auf der Bühne drei Zuschauern gegenüberstanden. Wir haben unsere Vorstellung gespielt. Ich kann mich an jede

Mark erinnern. Wir hatten selten ein so gutes Publikum. Vater, Mutter und Sohn. Ein wunderschöner Abend.
Und nun Lebensabend.
Wo die Nacht beginnt, weiß ich schon. Der Bildhauer, der Irenes Namen in den Grabstein gemeißelt hat, ist noch jung, er wird auch meinen noch schaffen. Sein Sohn wird vielleicht viel später Renates Namen daruntersetzen ... die Schaufel ist weg, hat Agi auf den Zettel geschrieben. Das ist jetzt die dritte. Als der Gärtner, der mir bei der Pflege von Irenes Grab hilft, eine Frau dabei überraschte, wie sie Blumen von einem fremden Grab stahl, sagte sie: »Mei, de san doch tot. De Leit da unten, was braucht's da Blumen!«
Er war so vor den Kopf geschlagen, sagte er, daß er nichts unternommen hat. Was sollte er auch unternehmen? Hinter den Stirnen von Menschen, die Gräber ihrer Verstorbenen schmücken, gehen ganz verschiedene, ganz merkwürdige Dinge vor. Als wir Irene begraben hatten, stand am Friedhofstor ein Mann, der sah mich bedeutungsvoll an und sagte: »Sind Sie froh, daß Sie noch leben. Das wird nie wieder vorkommen.« Die Blumenfrau meinte: »Sie hat's überstanden, jetzt schaun G', daß nachkemma.«
Früher habe ich die älteren Menschen, die mit Rechen und Gießkanne zum Friedhof zuckeln, mit einer gewissen Distanz gesehen. Jetzt zuckele ich auch. Man hat Grabnachbarn. Man unterhält sich. Es wird über das Wetter gesprochen, das kommen könnte. Werden es die Begonien aushalten? Die Eiche, die wunderbaren Schatten für das Grab spendet, hat auch einen Nachteil, sie wirft Laub ab und diese Eicheln! Man müßte jeden Tag herkommen. Die Glocke läutet. Es wird wieder jemand begraben. Ein Zigeuner, heißt es. Er muß reich und mächtig gewesen sein, sein Grab ist groß, breit und

voller Blumen. Leben können sie, die Zigeuner, sagt der Nachbar, und sterben auch. Wir gehen hinüber. Ein paar hundert Menschen nähern sich dem Grab. Die Grabrede ist kurz. Ein Sextett spielt wunderschön. Es wird wenig geweint. Neben mir sagt eine Frau. »Zigeuner sans – Zigeuner bleibens.«

Rechts neben mir sagt ein Mann: »Tote sind gleichberechtigt.«

# NACHTZETTEL

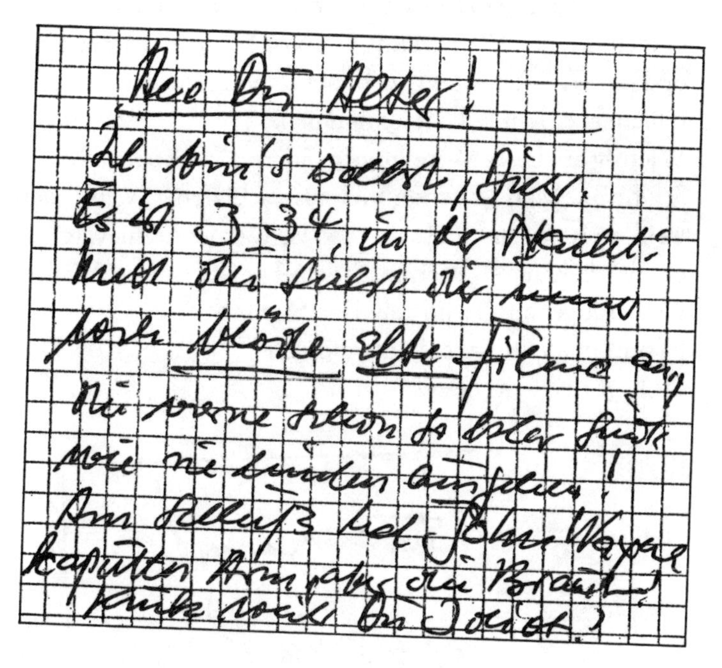

Am nächsten Vormittag diszipliniert aufgestanden um neun Uhr. Verschlafen, aber verbissen guter Dinge, finde ich, daß ich mir unrecht getan habe. Der Inhalt dieser Filme ist mir doch egal. John Wayne ist mir auch egal. Der Synchronsprecher von Wayne ist sowieso viel besser als das Original. Spricht wie eine angeheiserte Orgel und kennt die Texte sicherlich schon auswendig. »Wenn wir das Tal nicht binnen einer Stunde verlassen haben, fressen uns die Indianer mit Haut und Haar.«

Achim Strietzel, auch zu früh verstorben, Freund und Kollege, hat mich auf diese Stereotypen aufmerksam gemacht. Bei dieser Gelegenheit möchte ich die Behauptung aufstellen, daß Achim es war, der das parodistische Element im Kabarett, das heute eine wesentliche Rolle zu spielen scheint, eingeführt hat. Willy Brandt, Gerhard Schröder (der Ältere) und Luis Trenker waren nie besser als er! Ich will nicht recht haben, aber hier habe ich's nun mal.
Wichtig an dieser Mitteilung an mich selbst ist die Uhrzeit. 3 Uhr 34. Man ist schon viel ausgeschlafener, wenn man weiß, warum man müde ist. Ach ja, Werner Schneyder hat einmal behauptet, Achim Strietzel sei der beste Wiener Liedersänger aus Berlin gewesen. Stimmt.
Es geht durcheinander heute morgen.
Da liegt noch ein Zettel.

Ich erinnere mich. Das geht mir oft so, daß Bilder eine Sogwirkung auf mich ausüben. Jetzt habe ich eine Ausrede. John Wayne reitet durch den Mittelwesten, wobei man annehmen kann, daß alles im Norden von Maspalomas auf Gran Canaria gedreht worden ist, ganz gleich, ich bin auf meinem Stuhl nach Mittelamerika verreist und lasse mich nicht beirren durch irgendwelche gesicherten Erkenntnisse,

konzentriere mich auf das Wesentliche, nämlich wie weit ist es bis zu diesen Blauen Bergen, was macht das Pferd, wenn der Reiter absteigt? Was denken die Indianer? Gibt es Ameisen in Amerika? Warum schlafen die Sheriffs im Freien und haben morgens nie Pustelchen im Gesicht? Gibt es Mücken? Während ich noch über alle diese wesentlichen Fragen nachdenke, schießen sie schon, und ich weiß meistens nicht, warum. Aus Erfahrung weiß ich, daß ich da nicht mißtrauisch sein muß, da haben die Drehbuchautoren aufgepaßt. Der Böse fällt um, der Gute beerdigt schnell noch seinen alten, verknautschten Hilfssheriff und fährt dann mit einer Kutsche in die Flitterwochen. Hinter den Blauen Bergen wartet die Zukunft auf ihn, und das ist der nächste Film. Abspann. Werbung. Nachrichten. Schlafengehen.
Aber genau dann kommt die Unruhe. Kann ich noch ein bißchen in Amerika bleiben? Gibt es in einem anderen Kanal noch ein ähnliches Schicksal? Glück gehabt. In Kanal 27 John Wayne als Offizier der Nordstaaten im Kampf gegen die Südstaaten. Blau gegen Grau. Hoppala, eingeschlafen. Aufgewacht, sofort gewußt, worum es geht, beruhigt wieder eingeschlafen.
Telefon!
»Ja?« Renate: »Schläfst du schon?« »Neinnein, ich arbeite noch.« Blick auf die Mattscheibe: John Wayne links einen Streifschuß, rechts die Braut im Arm. Abspann. Spätnachrichten.
Renate: »Woran?«
Ich: (gelogen) »An einer Kurzgeschichte.« (Schnell geschaltet!)
Renate: »Seit wann schreibst du Kurzgeschichten?«
Ich: »Seit ich herausgefunden habe, daß Kurzgeschichten

meistens zu lang sind. Ausgenommen O'Henry und Roald Dahl.«
Renate: »Liest du mir das morgen vor?«
Ich: »Gern, aber sie ist noch zu lang.«
Renate: »Dann streichen wir morgen zusammen, ja?«
Ich: »Jjjjaa, wenn du meinst.«
Renate: »Oder siehst du einfach nur fern?«
Ich: »Aber Renate, du weißt, der ganze Käse interessiert mich nicht.«
Renate: »Na dann bis morgen.«
Ganz sicher bin ich, daß sie mich durchschaut, besser gesagt, durchhört hat. Also, es ist 9 Uhr 15, ran an die Kurzgeschichte. Sie muß was von der Nacht haben, ein oder zwei Whiskys müssen drin sein, spinös muß sie sein, und es muß vor allen Dingen klarwerden, warum ich meine Nacht geopfert habe. Halt, Moment! Warum war sie eigentlich noch wach? Na gut, die Zeit drängt.

# KURTS GESCHICHTE

Kurt Kalinke stammte aus gutem Haus, nein, der Ort, aus dem er stammte, hieß Gutemhaus, und der lag zwischen zwei Tiefebenen auf der Höhe von Garnkamm, beiderseits des Flusses Szczypol.
Der Lebensweg von Kurt Kalinke ist rasch erzählt: Er wurde in Gutemhaus geboren und dort erwachsen. Dazwischen war nichts Erwähnenswertes. An irgendeinem 21. irgendeines Monats in irgendeinem Jahr trat Kurt Kalinke anläßlich einer Gemäldeausstellung in der nahen Kreisstadt vor ein Bild des Malers Van den Damme, Holländer aus der Post-Rembrandt-Epoche, verlor sich in ihm und beschloß, alle Bilder besitzen zu wollen, die ihm ein ähnliches Gefühl vermittelten. Kurts Geschichte soll kurz sein, also kann ich nur mitteilen, daß er nach relativ kurzer Zeit sein Ziel erreicht hatte. Unter Außerachtlassung von Recht, Sitte und Moral sammelte er zunächst Geld und dann Bilder. Besonders in der recht unsicheren Nachkriegszeit zwischen 1945 und 1948, in der er Hinweise bekam, wo welche Kunstwerke in welchen unterirdischen Verstecken gelagert worden sind, sicherte er sich, unter Einsatz von 128 Kartons Lucky Strike, 21 heute noch verschollene Kunstwerke berühmter Meister. Aus der reinen Notwehr heraus behaupten die Kunsthistoriker heute, sie seien allesamt gefälscht. Ja, sie bestehen sogar heute noch darauf, daß es einen Schüler Rembrandts namens Van den Damme nie gegeben habe!

Kalinke focht es nicht an. Ihm war ein Tagebuch von Van den Dammes Lebensmittelhändler in die Hände gefallen, aus dem eindeutig hervorging, daß Van den Damme der Urheber von mindestens 32 echten Rembrandts gewesen ist. Kalinke besaß sie alle bis auf einen. Es war das Portrait des Lebensmittelhändlers namens Johann Schrüfer. Unter Aufbietung seiner ganzen kriminellen Energie versuchte Kalinke, dieses Werk zu erstehen. Als er endlich erfahren hatte, daß es im Büro des Staff Sergeant Tim O'Brown, 11. US-Div.-Nürtingen, hing, gelang es ihm, das Portrait gegen eine gebrauchte Ausgabe von Hitlers »Mein Kampf« und ein Deutsches Kreuz in Gold zu erwerben. Kalinke soll dem Sergeanten dabei glaubhaft vermittelt haben, daß es sich bei dieser Buchausgabe um den persönlichen Besitz des Bischofs von Passau handelte.
Von dem Tage an hat Kalinke nichts anderes mehr getan, als vor dem Portrait des Johann Schrüfer zu sitzen und es anzustarren. Mehr und mehr versenkte er sich in die Züge des Lebensmittelhändlers. Sechs Wochen später, nach einem kurzen Blick in den Spiegel, stellte er fest, daß seine Gesichtszüge sich denen des Schrüfer anzunähern schienen. Nach einem halben Jahr verließen ihn Frau und Kinder. Er bemerkte es nicht. Kalinke war zum Ebenbild des Schrüfer geworden. Kurt war Johann und Johann war Kurt.
Jahre vergingen.
Kalinke aß schlecht und trank viel, schlief kaum und alterte schnell. Und da entdeckte er das Entsetzliche: Schrüfer, der im Alter von 39 Jahren gemalt worden ist, bekam graue Haare! Er alterte mit ihm!
Verzweifelt mußte Kalinke mit ansehen, wie Schrüfer verfiel und eines Nachts verstarb. Acht Tage lang starrte Kalinke

den toten Lebensmittelhändler an, dann zog ein Leichengeruch durch das Haus. Da erhob er sich, schrieb diese Geschichte nieder und schickte sie seiner Frau, die inzwischen mit Sergeant O'Brown in die Staaten gezogen war.
Dann zündete er das Haus an, ohne den Versuch zu unternehmen, den Flammen zu entkommen.
Kurts Geschichte enthält nur eine einzige Lüge, nämlich, daß die Ausgabe von »Mein Kampf« dem Bischof von Passau gehört hat.

# WEM DIE HALBE STUNDE SCHLÄGT

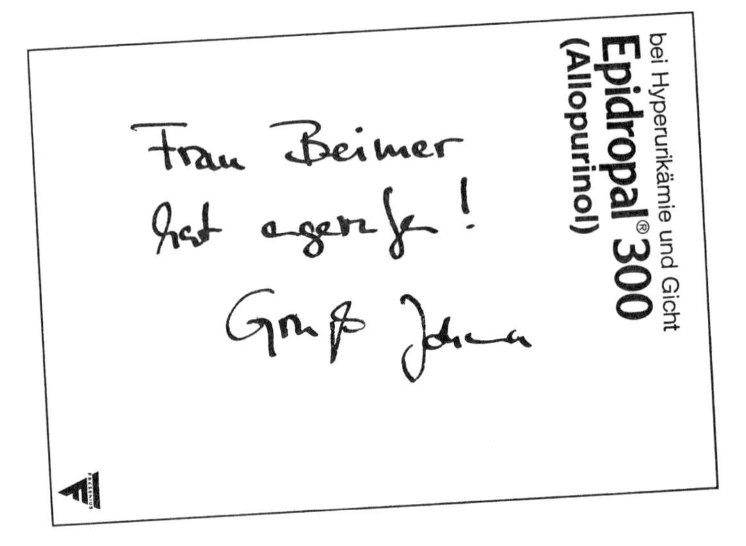


Um Gottes willen! Wie kommt sie denn gerade auf mich? Abgesehen davon, daß es mir langsam auf die Nerven geht, wie sie immer noch mit ihrem Mann herummacht, und wie er nun wieder abhängig ist von ihren Bratkartoffeln, warum verreist sie nicht mal ein paar Jahre?
Herr Beimer würde mir auch für eine Weile nicht fehlen.
Und der alte Grieche. Wann benimmt sich der endlich mal so alt, wie er ist? Ist ja peinlich auf die Dauer!
Wieso hat sie meine Nummer? Hat sie von der Lindenstraße aus angerufen?

Nein, halt, alles verkehrt. Das ist ja die Frau Beimer von der Reinigung, ich habe da immer noch einen Mantel.
Langsam geht alles ein wenig durcheinander.
Wieso spielen sie mir dauernd auf dieser Mattscheibe das Leben vor, wie es ist? Warum muß ich das denn noch mal sehen? Mein Leben ist doch so, wie es ist. Doppelt brauche ich es nicht. Die Frau Beimer von der Reinigung ist eine nette Frau, aber immer denke ich, sie ist todunglücklich und kocht weinend vor sich hin. Außerdem glaube ich bei Hausmeisterinnnen, die nicht bösartig sind und nicht bayerisch sprechen, daß sie falsch besetzt sind. Und warum ziehen die nicht mal alle um? In eine andere Straße. Warum wechseln sie nicht mal den Mief? Woanders ist es auch trostlos!
Und warum schalte ich mich da nicht aus? Weil ich dann nicht mitreden kann. Ich weiß doch, daß alle Probleme, die es zu überdenken gilt, in dieser Lindenstraße, die in München sein soll, aber in Köln aufgebaut ist, abgehandelt werden.
Ein Serbe taucht auf und ist gar nicht so. Er schießt auf niemanden, geht brav zum Griechen essen, weil es da immer noch keinen Chinesen gibt, was sehr unwahrscheinlich ist, trifft dort per Zufall ein bosnisches Mädchen, verliebt sich in sie, während sie (Aktualität!) aber einem Bundeswehrsoldaten zugetan ist, der einem Blauhelmeinsatz im Krisengebiet entgegenfiebert. Ja, so ist das Leben.
Das glaubt aber der Leserbriefschreiber nicht, der der »Süddeutschen Zeitung« seine Meinung dazu mitteilte:
»Es ist zwar richtig, daß ›Soldaten‹ der Bundeswehr bei dem Gedanken die Hosen voll hatten, sie müßten während des Golfkrieges in die Türkei zur Erholung in die Etappe. Das lag aber an der (oft falschen) Personalauswahl, als Verteidi-

gungsbeamte eingestellt wurden, die besser zur Post oder ins Finanzamt gegangen wären. Logischerweise war auch immer nur die Rede davon, einen Krieg zu verhindern – nie, ihn zu gewinnen, wenn es denn dazu käme. Dazu braucht man nämlich Männer wie Rommel, Hartmann, Dietl, Rudel oder Skorzeny, aber keine Klaviervirtuosen oder Paradesoldaten auf einem NATO-Ball. Held, Oberstleutnant a.D.«
(Auszug aus diesem Brief – aber nicht aus dem Zusammenhang gerissen.)
Ja, so ist das Leben auch.
Komisch ist daran, daß der Mann wirklich so zu heißen scheint, tröstlich an diesem couragierten Brief das a.D.
Wie ist es nun, das Leben, so oder so?
Es ist der Willkür des Autors ausgesetzt. Er könnte jederzeit – worauf ich als Zuschauer immer hoffe – den alten Arzt im Rollstuhl, dem man zu allem Überfluß auch noch einen drogensüchtigen Sohn verpaßt hat (das ist ja allein schon genug), mit einem Sonderzug nach Lourdes schicken. Dort läßt er ihn eine Weile und kann sich nach drei Folgen immer noch entscheiden, ob er wieder laufen kann oder nicht. Es wäre auch für den Schauspieler gut, denn mit Sicherheit hat seine Blumenfrau sich schon mal gewundert, daß er ohne Rollstuhl einkaufen geht.
Warum ist noch niemand auf die Idee gekommen, die Drombuschens in die Lindenstraße ziehen zu lassen? Beide Serien könnten dasselbe Bühnenbild benutzen. Sie tun ja auch dasselbe. Der Arzt vom Bülowbogen könnte dort praktizieren, Strack der Sprengelpriester sein.
Das Ganze könnte spielend ein Autor allein schreiben.
Natürlich nicht er allein, sondern die Damen und Herren seiner Werkstatt. Jedenfalls stelle ich mir das so vor:

Der Meister inmitten seiner Dialoggesellen. Sieben klappernde Schreibmaschinen, sieben verschiedene Serien, sieben gleiche Meinungen. Siebenmal das Leben, wie es wirklich ist. 100 Folgen pro Leben. 700 Lebensfolgen. Bäcker, Lehrer, Winzer, Klofrauen, Ministerialdirigentinnen, Mönche, Stadträte, Landräte, Rundfunkräte, Boxer, Nonnen, Managerinnen, Priesterinnen, Ostarbeitslose, Westarbeitslose, Rentner. Und alles in der Lindenstraße! Jede Folge 30 Minuten lang.
In Zukunft gibt es keine Sendung mehr über 30 Minuten! Länger als 30 Minuten, sagen die Programmacher, hält es der Fernsehzuschalter nicht aus.
Die entscheidende Aussage bei der letzten Programmkonferenz: »Eine 40-Minuten-Sendung ist zehn Minuten zu lang.« Man wird darüber nachzudenken haben, wie sich das auf eine 60-Minuten-Sendung auswirken wird.
Aber was steckt dahinter? Nichts. Lediglich die Vermutung, daß der Zuschauer »draußen an den Apparaten« nach einer halben Stunde merkt, daß ihm die Sendung nicht gefällt und umschaltet. Und dann, meinen die Programmstrategen, muß die Sendung auch beendet sein. Also hinauf mit allen Inhalten auf das Prokrustesbett. Leichte Stoffe auf 100 Folgen strecken, schwere auf 30 Minuten kürzen.
Ich nun, da draußen an meinem Apparat (meiner steht übrigens drin), warte gespannt auf die nächste Wiederholung von »Vom Winde verweht« in zehnmal 30 Minuten. Nach der zweiten Unterbrechung werde ich wahrscheinlich meinen Apparat zum Fenster hinauswerfen, dann ist er wirklich draußen, oder versuchen, irgendwann mal einem der Programmacher die Luft aus den Reifen zu lassen.
Wofür halten mich denn diese Hirnis?

Wie kommen sie dazu, ihre Bewußtseinsstörungen hochzurechnen? Was kann ich denn dafür, daß sie nur Herz und Verstand für 30 Minuten haben? Wieso tagen sie dann sechs Stunden lang, wenn es nur für eine halbe langt!
Solche Programmmacher hat man, wenn es schlecht kommt, aber jahrelang.
Inzwischen weiß ich ja, daß ich für sie ein Endgeräteverbraucher bin. Eine bezeichnende Formulierung. Schließt etwas von Endlagerung ein. Endlagerungsort für Unterhaltung. Da haben sie allerdings recht, das halte ich nicht länger aus als 30 Minuten. Nach einer halben Stunde muß man wissen, ob jemand das Auto gewonnen hat oder nicht.
Daß Information nicht länger als 30 Minuten dauern muß, wenn ich nur erfahre, daß der Außenminister irgendwohin gefahren ist, der Bundeskanzler irgendwo gewesen ist, daß eine Durchschaltung nach Israel tatsächlich geklappt hat und der Korrespondent mitteilt, daß der Außenminister dagewesen ist, was ich der ersten Meldung schon entnehmen konnte, das begreife ich, aber dann interessiert mich mehr, ob Prinz Charles zu Lady Diana zurückgekehrt oder doch zu seinem Polopferd gezogen ist. Das dauert eine Minute, aber man kann es weitererzählen.
Daß ein Witz-Wettbewerb, ausgetragen als K.-o.-Runde wie Wimbledon, 30 Minuten nicht übersteigen darf, halte ich für Publikumsfürsorge, mir genügen zwei Minuten, habe aber immer das dringende Bedürfnis, den Vorschlag einzureichen, Schweige-Rallyes zu veranstalten, worauf ich keine Antwort erwarte.
Mein Gott, und ich habe mich so vorbereitet auf diese alles verändernde Meinungsvielfalt, habe darauf vertraut, daß die versprochene »Grundversorgung« stattfindet. Aber was

hilft's mir, daß der Gottschalk jetzt im RTL auch der Gottschalk ist? Den Hape Kerkeling finde ich überall komisch. Was geht mich der Knopf an, den ich drücke?
Dabei bin ich noch nicht einmal voll gerüstet. Habe ich TOP – TMC – VPT – RDS? Nein.
Ich bin nicht oversampled, ich habe keinen Noise-Shaper, keinen Einbits-Wandler. Nach der nächsten Fernsehausstellung brauche ich sicher einen Shadow-Destroyer, einen Conto-Caller oder einen Family-Harmonizer.
Ist mein Super-Crash-Mover auf das Multiplication-System Two oder Double-Two gewambled oder gerambled, habe ich einen Livemotivation-Tuner? Nein.
Man soll nicht nörgeln. Man soll aufmuntern. Und darum, Freunde: Laßt euch nicht irremachen – ihr seid's schon.
Jede zweite halbe Stunde jedenfalls.

# DICHTER-TÜV

Ein paarmal im Jahr sitzen drei Herren und eine Dame zu Gericht. Richtiger: das Quartett besteht aus einer Dame und zwei Herren, ist ein Trio, das sich von Mal zu Mal um eine Dame oder einen Herrn komplettiert. Sie sprechen vor drei Prozent der Fernsehzuschauer über Bücher, die noch niemand gelesen hat, von Autoren, von denen man nichts weiß, erwähnen Zusammenhänge, die unbekannt sind, und fällen Urteile, die einem ziemlich egal sind, weil, siehe oben, das exekutierte Werk bislang an einem vorübergegangen ist. Und doch gehört das Ganze zum Unterhaltendsten, was im öffentlich-rechtlichen Fernsehen angeboten wird.

Leider muß man befürchten – da das ZDF jede kluge Konsequenz der konkurrierenden Anstalten noch klüger zu kontern bestrebt ist –, daß diese Personality-Show wegen Nichterreichen der erforderlichen Einschaltquote aus dem Programm gekippt wird. Oder etwa doch nicht?
Also, ich tue alles, um Freunde, Feinde, Verwandte und Bekannte zu überreden, dieses Scharfrichter-Kolloquium zu verfolgen. Man muß das einfach gesehen haben, wie Reich-Ranicki, die direkt aus dem Himmel herabgestiegene große Sense des Buchmarkts, die zeitgenössischen Romanautoren aberntet. Neben ihm die Frau Löffler aus Österreich, allzeit bereit, dem Meister die vernichtenden Worte vom Munde abzulesen, sie dann zu zerpflücken und ihm wieder hineinzustecken, wo sie ihm herauskamen. Das gelingt so selten wie kaum einmal. Der Meister ist Herr seiner Worte, läßt sie heraus, aber nicht wieder hinein. Urteile, die er abgibt, nimmt er nicht wieder an.
Momente, in denen es schwierig wird für ihn, bewältigt er spielend und beiläufig dadurch, daß er seine Sätze nicht mehr als sein Eigentum betrachtet. Er begreift sich, während er noch spricht, als Zitat. Seine Schlagfertigkeit, immer wieder verblüffend, ist das Produkt langer Vorbereitung. Der Mann ist bis an die Zähne bewaffnet, wenn er sich hinsetzt. Es kommt mir auch so vor, als wollte er vorgefertigte Aphorismen unter allen Umständen unterbringen. Das paßt dann manchmal nicht, weil sein anderer Beisitzer, Hellmuth Karasek, das auch vorhat, aber dann legt sich die ganze Gewichtigkeit des Oberspielleiters Reich-Ranicki über die etwas schmächtigere Geschwätzigkeit des Karasek und mulmt alles nieder. Mit spitzen Augen kommentiert Frau Löffler den Unterwerfungsvorgang!

JOKER

Irgendwann einmal haben die drei der Viererbande den vierten eliminiert. Der wird jetzt ausgelost, wird zwar vor der Sendung geschminkt, aber nicht informiert.
Wissen sollte man vielleicht (ich weiß das leider auch nicht, aber es interessiert mich mehr als alle politischen Vorgänge), ob vor diesen Gesprächen über Existenz oder Nichtexistenz eines Dichters ein Vorgespräch stattgefunden hat, das die Abwärts- oder Aufwärtsdaumenhaltung des Quartetts spontan beeinflußt. Weiß der Karasek vorher, daß der Reich-Ranicki in einem Anfall von überlegter Ehrlichkeit den Günther Grass in den literarischen Ruhestand schicken wird?
Will der Karasek da widersprechen? Oder übernimmt der weisungsgemäß die Position von Szczypiorski, dem Reichsromanranicki nicht die Verschißliste geschickt hat?
Oder sind die Widersprüche des Karasek, der Frau Löffler und des auszulosenden Vierten nur dramaturgisch gesetzte Doppelpunkte für die Pointen das Spielleiters R.R.?
»Der Mann schreibt seit der Blechtrommel mit jedem weiteren Buch sein Testament. Es gibt Autoren, die einmal in ihrem Leben etwas zu sagen haben. Dabei sollten sie es belassen und uns nicht weiter behelligen.«
Dann nicken sie alle vier und bereiten die Ermordung des nächsten Autors vor.
Der hat nur 424 Seiten geschrieben.
Reich-Ranicki: »Unter 600 Seiten ist ein Roman kein Roman.«
Karasek: »Ja, aber ...«
Reich-Ranicki: »Die Hauptfigur in diesem Nichtroman ist ein Mann, dem ich das nicht glaube.«
S.L.: »Was erwarten Sie von ihm?«

R.R.: »Daß er geil ist. Aber das sagt er nicht. Er macht sich Gedanken um die Transparenz des göttlichen Zeugungswillens, aber er sagt nicht, daß er was in der Hose hat, das raus will!«

Frau Löffler läßt sofort erkennen, daß sie diese Aussage von R.R. für blödsinnig hält, Karasek kann sich noch nicht entscheiden, welches Gesicht (er hat drei: knuddelig, kritisch-kauzig, skeptisch-aufmüpfig) zu der Aussage von R.R. paßt, und entschließt sich, dem saloppen Ton zu folgen: »Das kommt aber dann auf Seite 423 raus. Unübersehbar!«

Reich-Ranicki: »Wissen Sie, Herr Karasek, wenn Sie das, was auf Seite 423 passiert, für die Beschreibung einer elementaren Erektion halten, dann versetze ich mich einmal in die Rolle der Frau und halte das für übersehbar. Das ist keine Drohung. Das ist eine Friedenserklärung mit der Bitte um mildernde Umstände.«

Frau Löffler schämt sich. Karasek greift zum nächsten Roman. Ein jüdischer Autor. Schon falsch ausgewählt, weil Reich-Ranicki das besser weiß. R.R., knurrig, kurz, ganz Guillotine: »Der Mann hat über 700 Seiten gefüllt – sie sind alle leer geblieben.«

Frau Löffler: »Immerhin, er hat einen Roman geschrieben, wenn ich Ihr Kriterium, daß unter 600 Seiten ein Roman kein Roman ist, übernehme.«

Karasek: »Man sollte vielleicht die Zeilen lesen, wo er beschreibt, wie die Frau Havlicek ihm die Turnhosen bügelt und dann sagt: ›Juden, die das Sportabzeichen machen wollen, sind schon in die NSDAP eingetreten.‹«

Reich-Ranicki: »Ja, mein Gott, wenn das Wolfgang Koeppen geschrieben hätte!«

Nächstes Buch.

R.R. meint: »Der Autor dieses Buches sollte sich Gedanken machen, ob der Entschluß, es dem Buchhandel zu überlassen, nicht der Grund für die Katastrophe war, die das Buch mit Sicherheit darstellt.«
Frau Löffler ist empört, schließt sich aber dann doch der Meinung von Karasek an, der dazu keine hat.
Schlußwort: Kafka ist tot – Koeppen schreibt nicht mehr – die Zahl der ungeschriebenen Meisterwerke nimmt zu.
Reich-Ranicki: »Der Vorhang zu und alle Meinungen offen«, oder so ähnlich.
Die besprochenen Autoren sammeln ihre Köpfe, manche finden ihn nicht wieder, schreiben kopflos weiter.
Ihr Schicksal liegt in den Händen von Reich-Ranicki, der beweist, daß ein Quartett nicht unbedingt aus vier Menschen bestehen muß.
Tja, wenn das Wolfgang Koeppen geschrieben hätte!

# MEDIEN-KATECHISMUS

**Zehn Gebote für Intendanten von öffentlich-rechtlichen Anstalten, die einer Wiederwahl nicht abgeneigt wären**

**1.Gebot:**
Versuchen Sie nie, den Eindruck zu erwecken, als hätten Sie eine Ahnung von dem, was in den Redaktionen und Studios geschieht. Mischen Sie sich nur ein, wenn Sie die Gewähr dafür haben, daß Sie niemand ernst nimmt.

**2. Gebot:**
Betonen Sie immer wieder, daß Ihnen an der Erhaltung der Meinungsvielfalt gelegen ist. Bedenken Sie aber stets, daß jeder Satz, der aus Ihrem Sender strömt, eine der vielen Interessengruppen im Lande verletzen könnte.
Überlassen Sie Ihren Mitarbeitern die Entscheidung, welcher Ihrer beiden Grundhaltungen jeweils der Vorrang zu geben ist.

**3. Gebot:**
Unterlassen Sie alles, was Sie in den Geruch bringen könnte, einer bestimmten politischen Meinung zu huldigen.
Bei der bevorstehenden Wiederwahl gibt nicht ehrliche Sympathie für Ihre Person den Ausschlag, sondern die beruhigende Gewißheit, daß Sie weiterhin gewillt sind, den Dingen den Lauf zu lassen, den der Rundfunkrat bestimmt.

**4. Gebot:**
Überlassen Sie den politischen Parteien den Kampf gegen die parteipolitische Abhängigkeit der Massenmedien. Sie haben dem mündigen Bürger gegenüber eine hohe Verantwortung, aber der wählt Sie nicht.

**5. Gebot:**
Verlassen Sie sofort das Sendegebiet, wenn Sie fühlen, daß Sie sich vor, hinter oder gegen eine Produktion Ihres Hauses stellen müßten. Unternehmen Sie unverzüglich etwas. Am besten eine unaufschiebbare Reise.

**6. Gebot:**
Entlassen Sie Mitarbeiter, die mitleidlos und permanent durch Sendungen Ihre Wiederwahl gefährden. Vermeiden Sie Situationen, in denen Charakter erforderlich ist. Dafür hat man Sie nicht gewählt.

**7. Gebot:**
Entlasten Sie Ihr Gewissen bei möglichst vielen öffentlichen Auftritten vor Gewerkschaftlern, Kirchenvertretern, Industriemanagern, Bundeswehroffizieren, Rotariern, Schlaraffen, Studentenverbindungen und anderen relevanten Gruppen der Gesellschaft.
Geben Sie die Schuld Ihrer Mitarbeiter ehrlich zu. Stellen Sie nie etwas endgültig fest. Nicht abnabeln, sondern einnebeln.

**8. Gebot:**
Hasten Sie, sollten Sie intuitiv spüren, daß Ihnen Ärger zukommen könnte, sofort zum Telefon, und entschuldigen

Sie sich prophylaktisch für alle kontroversen Sendungen, die Ihrem Sender angelastet werden könnten.
Richten Sie einen automatischen Entschuldigungsservice in Ihrem Hause ein, der bereits vor der Planung einer kontroversen Sendung sich bei allen politischen Schaltstellen des Landes entschuldigt. Betonen Sie immer, daß Sie die Verantwortung tragen, übertragen Sie sie aber dann auf die Schulter Ihrer Untergebenen.

**9. Gebot:**
Hüten Sie sich, in Ihrem Hause Entscheidungen zu treffen. Es könnten die falschen sein.

**10. Gebot:**
Verzweifeln Sie nicht. Rechnen Sie immer mit der Möglichkeit, daß Ihr Programmdirektor noch schlimmer ist.
Und der ist mit Sicherheit von der anderen Partei.

# MEINE MUTTER

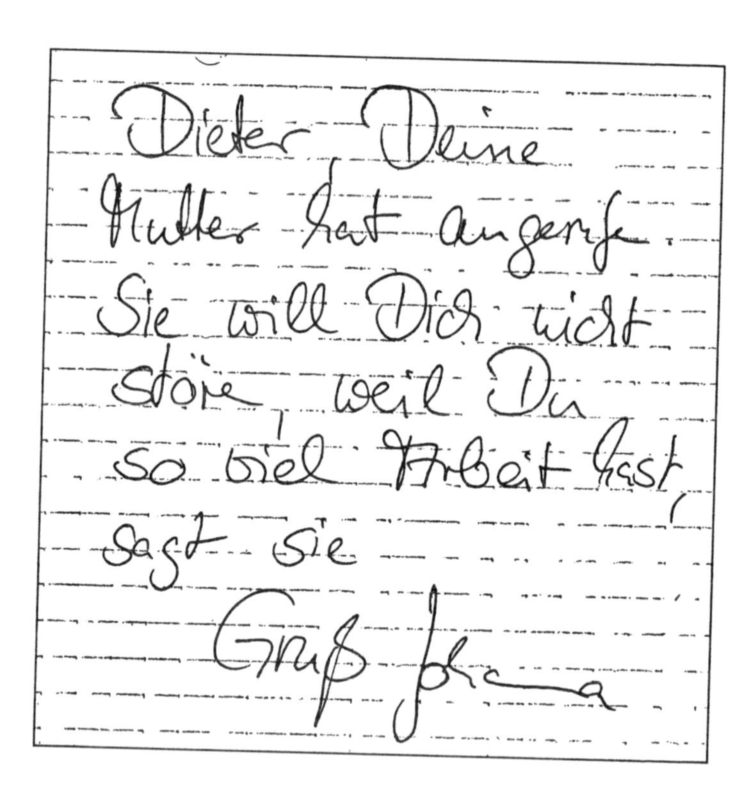

Dieter, Deine
Mutter hat angerufe.
Sie will Dich nicht
störe, weil Du
so viel Arbeit hast,
sagt sie
Gruß Johanna

Als sie 90 Jahre alt wurde, hat man sie interviewt. Sie war ganz gelassen, und über mich befragt, antwortete sie:
»Ach, er war, als er klein war, so ein lieber, artiger Junge, und jetzt sagt er immer so böse Sachen.«
Sie hat Glück mit sich, und wir mit ihr. Sie ist hellwach,

höchst sensibel, hat, mit ihren nun 94 Jahren, eine unglaubliche Ausdauer, tanzt und singt und lacht, sagt manchmal, daß es nun genug wäre, meint es aber nicht so, sonst wäre sie bei größeren Festen nicht um sechs Uhr morgens noch zu weiteren Aktivitäten bereit, fragt dann etwas enttäuscht, ob man denn schon heimgehen wolle, kurz, ich bin stolz auf sie und gebe mit ihr an. Sie behauptet dann, das würde sie mit mir tun, tut sie aber nicht, dazu ist sie zu leise.

Inzwischen wohnt sie in einem Heim, das sich wohltuend von dem abhebt, was ich Seiten zuvor beschrieben habe. Ihre letzte größere Aufregung ist wohl dadurch entstanden, daß irgendeine Vertriebenenzeitung die Behauptung aufgestellt hat, sie wäre eigentlich Tschechin und keine Deutsche. Sie ist nun nicht darüber empört, daß sie Tschechin sein soll, sondern mehr darüber, daß das eine Falschmeldung ist. Sie ist in Grimma in Sachsen geboren, als Tochter meiner geliebten Oma, Franziska Meissner, Ehefrau des Landmaschinenfabrikanten Anton Meissner.

So, das soll hier mal klipp und klar gesagt sein. Wäre sie wirklich Tschechin, wäre ich der Sohn einer Tschechin. Warum nicht? Welche Nation hat je einen Dichter zum Präsidenten gemacht? Wo ist der Unterschied zwischen Eulenspiegel und Schwejk?

Nein, nicht hinein in dieses Problem, es geht um meine Mutter. Als sie das schon war, lebte sie als wohlbestallte Beamtenfrau in dem kleinen Städtchen Bunzlau, führte einen wohlgeordneten Haushalt, beschäftigte auch ein Kindermädchen, das mich wiederum beschäftigte, und sah der Zukunft gelassen entgegen. Aus heiterem Himmel kam nun die Mitteilung meines Vaters, er hätte soeben einen alten, vergammelten Bauernhof gekauft. Mir, acht Jahre alt,

war das auch nicht recht. »Pferde!«, lockte mein Vater, »Pferde werden wir haben.«
Als ich in den Stall kam, waren es Ochsen. Meine Mutter hatte statt der versprochenen Kutsche, zweispännig, hundert weiße Leghornhühner und dreißig scheißende Gänse zu betreuen.
Wir waren über Nacht Landleute geworden. Von ländlicher Romantik nicht die Rede! Aus der piependen Pumpe auf dem Hof kam gelbes Wasser. Das Klo war hinter der Scheune. Es zog unten herum.
Mutter stand das durch. Bis 1945. Treck nach Bayern. Oberpfalz. Leicht ironisches Lächeln, wenn Mutter meinte, man hätte zu Hause einen Bauernhof gehabt. An ihren Händen hätte man's nachprüfen können.
Dann wieder geruhsameres Leben in halbstädtischen Verhältnissen, später München. Plötzlich, aus heiterem Himmel, hatte Vater wieder einen alten, vergammelten Bauernhof im Bayerischen Wald gekauft. Das Ganze von vorn. Kopftuch um, Hacke in die Hand. Dieses Mal Spargel.
1976 starb Vater. Rückzug von Mutter in die Stadt. Nach München. Inzwischen war sie 78 Jahre alt. Nach schwerer Krankheit, wiederhergestellt im Krankenhaus Neuperlach, beschloß sie, und zwar entschieden, wieder leben zu wollen. Tiefe Hochachtung, Mutter.
Ein Satz von ihr wird mir unvergessen bleiben. Wir bekamen heraus, daß sie sich heimlich ein bißchen Geld verdiente und in Schwabing bei reichen Leuten putzte. Ich sagte: »Mutter, hast du es nötig? Du gehst zu reichen Leuten putzen?« Sie sagte: »Wieso? Die wollen's doch auch mal sauber haben.«

# WIPPCHEN

Alle zehn Jahre unterliege ich dem Trieb, etwas anderes zu tun, als man von mir erwartet. Vor mehr als zehn Jahren, nein, es waren fünfzehn, kam es zu einem Programm mit Werner Thomas, Verzeihung, Professor Thomas, und seinen »Philharmonischen Cellisten Köln«. Sechs Cellisten, Mitglieder von vier verschiedenen Philharmonischen Orchestern, die der »heiligen Musik« das Lachen beibringen wollten.

Sie saßen in ihren Dienstfräcken auf der Bühne, musizierten, daß es eine Pracht war, parodierten, daß es eine Lust war, mischten Bach mit Strauß (Johann), Tschaikowsky mit den Beatles, Jazz mit Beethoven, spielten Ragtimes, daß die Zuhörer hochhupften, führten eine Oper nach einem Originaltext der »Bildzeitung« vor, verminten das ganze sakrale Gelände der E-Musik.

Wir sind sieben oder acht Jahre lang zusammen gewesen. Ganz genau wußte das Publikum nicht, was es von unserem Zusammenschluß zu halten hatte. War es ein Konzert? War es Kabarett mit Musik? Wir nannten es »Musikkabarett«. Einen mürrischen, muffelnden Notenwart hatte ich mir ausgedacht, der Genaueres über das Musikwesen im Lande mitteilte. Ein Teil des Publikums kam wegen der Musik, ein anderer wegen des Kabaretts. Wenn wir am Schluß des Abends das Gefühl hatten, beide Teile zusammengebracht zu haben, waren wir selig.

Es gab auch Abende, bei denen Türen klappten. Beleidigte Konzertfreunde, die noch nie einen plaudernden Notenwart erlebt hatten, enttäuschte Kabarettfreunde, die kein Konzert hören wollten. Aber nie war anschließend der Saal leer. Nicht einmal halbleer. Eigentlich war er immer voll bis zum Schluß.
Kritiker hatten es hie und da schwer. Entweder es kamen die Musikkritiker und wußten nicht genau, wie sie mich beurteilen sollten, oder die Kabarettkritiker, die nicht genau beurteilen konnten, wie gut die Cellisten spielten. Es gab spaltenlange Besprechungen in angesehenen Zeitungen, die lediglich lobend erwähnten, daß wir dagewesen waren.
Für mich persönlich sprang noch ein bißchen Information darüber heraus, wie musizierende Künstler über Politik denken. Ein direktes Verhältnis haben sie nur zu ihrem Instrument. Was darüber hinausgeht, zerfällt in mannigfache Einzelteile, deren ein ganz kleiner die Politik ist. Die streifen sie nur lächelnd. Das hat mich nie gestört. Sie tolerieren, daß es sie überhaupt gibt, habe ich mir gedacht. Aber so, wie sie und was sie spielten, war es wiederum Politik. Wie soll ich es erklären? Eins weiß ich nur: Berti Vogts hätte es nie gefallen.
Gut. Fünfzehn Jahre später war es wieder soweit. Raus aus der Spur. Rein in die Rinne, aus der man vielleicht nie wieder rauskommt. Wer will etwas wissen über das vorige Jahrhundert? Ich natürlich. Aber wer noch? Renate meint, sie könnte sich auch dafür interessieren. Franz-Josef Grümmer, Komponist und Pianist aus Berlin, meinte auch, daß es ihn reizen könnte.
Wippchen? Wer ist das?
Eine Sekte im Lande kennt ihn. Julius Stettenheim war sein

wirklicher Name. Von 1877 bis 1916 schrieb er »Schlachtberichte« unter dem Namen Wippchen. Interessante Zeit. Bismarck, die Wilhelms, Kriege, Gründerzeit, aufblühender Antisemitismus, Kolonialismus, Imperialismus, Kapitalismus, Rathenau, Bebel, Prunk, Pracht und Protz, Berlin Hauptstadt, Klassenjustiz, Geldgier, Militarismus, Untertanengeist, Hochmut, Deutschland, Deutschland über alles mögliche, Deutsch-Ostafrika, Deutsch-Südwest, Gewerkschaften, deutsche Übermenschen, Reithosen, Ulanen, Dragoner, zackige Töne, schneidige Schnauzen wie Motorräder, Bertha Suttner, uniformierte Geltungsvögler und Vergewaltiger. Kriegslüsternheit. Und darüber das gellende Amen der Kirchen. Hitler hat noch kurze Hosen, aber schon einen langen Arm in die Geschichte. Dazwischen Wippchen alias Julius Stettenheim in seinem Blatt »Berliner Wespen«, während zu gleicher Zeit schon Alfred Hugenberg seiner Zukunft entgegenwächst, die den jämmerlichen Kaiser Wilhelm zum Holzhacken schicken wird, den schwächlichen Paul von Hindenburg zum Knicks vor Adolf Hitler zwingt, ihn, den Hugenberg, in die Regierung bringt, die dann ohne ihn auskommt und sich selbst den Rest besorgt.
Der kleine Mann, dieser Wippchen, hat mich interessiert. Tucholsky hat ihn später eher als lustige Person empfunden. Das kann einer leicht sagen, der den grauenhaften Ersten Weltkrieg als Grundkonsens voraussetzen kann. Wippchen hat immer nur vermuten können, daß es zu diesem Krieg kommen wird. Als die große Begeisterung ausbrach, 1914 im August, ist, im Gegensatz zu großen Namen wie Thomas Mann, Gerhart Hauptmann, Hugo von Hofmannsthal oder Rainer Maria Rilke, nichts Zustimmendes zu hören von Stettenheim.

Er hatte vorher schon gearbeitet.
Vergeblich.
Warum er sich Wippchen nannte? Vielleicht, weil er sich auf die Wippe zwischen Tiefsinn und Unsinn begab und seine Leser zwang mitzuwippen?
Die Literaturhistoriker haben sich darüber den Kopf nicht zerbrochen, sondern ihn in die humoristische Schublade gelegt. Ein Fehler, wie mir scheint, denn es hätte ihnen auffallen müssen, mit welchem Ingrimm, welcher List und Tücke Stettenheim Stahl, Eisen, Generäle und kriegerischen Schwachsinn bekämpfte. Ganz zu schweigen davon, daß er sämtliche europäischen Königshäuser der Lächerlichkeit preisgab.
Was diese von Gott legalisierten Räuberbanden gerade in diesen Jahrzehnten in der Welt anrichteten, haben wir erst heute so richtig erkannt. Großbritannien annektierte halb Afrika – Frankreich die andere Hälfte – Holland Sumatra – Spanien Kuba – Japan die Riu-Kiu-Inseln. England begann einen Krieg gegen Afghanistan, Frankreich gegen Indochina und Senegal – König Leopold von Belgien wird privater Eigentümer des Kongo!
Und endlich bekommt auch Deutschland die Gelegenheit, Unheil anzurichten. Es hißt seine Flagge in Togo und Kamerun. Es bringt in Südwestafrika fast sämtliche Hottentotten um, nachdem es nur noch Reste des Hererovolkes am Leben gelassen hatte. Die Briten versuchen das gleiche mit den Buren. Italien hat Eritrea besetzt.
Der Westen Amerikas ist fest in weißer Hand. Die Welt ist verteilt. Es wird geerntet, nichts mehr gesät, und wenn, der spätere Hunger. Nun richtet sich der Blick der Banden auf die Beute.

Daß die Banden untereinander verlobt, verheiratet, verschwägert, versippt, aber nicht miteinander verschworen waren, war mit eine Ursache des Ersten Weltkrieges. Sie hätten von ihren Versippungen ja Gebrauch machen können, zumindest versuchen können, den Krieg zu verhindern. Die Königskinder haben sich gegenseitig angelogen, umgebracht, und ihre Landeskinder mit.
Russen, Japaner, Türken, Rumänen, Engländer, Franzosen, Deutsche, alle haben sie ihre Claims abgesteckt. Die Deutschen hatten ehrgeizige Pläne. Sie wollten Madeira, Malta, die Azoren, Nigeria, Kenia, Madagaskar, Angola, Dahomey, Katanga, Uganda. In vollem Ernst!
In diese Zeit hineinzubohren mit den Mitteln des Kabaretts, auch mit den vergessenen Texten Wippchens, hat mich gereizt. Als Conferencier des ausgehenden 19. Jahrhunderts die sich anbahnende Katastrophe anzuleuchten, so als würde ich Kindern Geschichte oder das Lernen von Geschichte leichter machen wollen, war das Ziel. Das Publikum, bis auf wenige Zuschauer, die meinten, es lohne sich nicht und es gäbe heute Probleme genug, war einverstanden.
Zu Stettenheims Wippchen habe ich sofort eine Beziehung gehabt: seine vertrackte Art, Begriffe durcheinanderzuwirbeln, Sprache auseinanderzunehmen bis zur Kenntlichmachung des eigentlich Gemeinten, der starke Hang zur gezielten Unernsthaftigkeit, was die Betrachtung von hohen Würden, großen Orden, großen Worten oder aufgeblasenen Potentaten betrifft, seine Liebe für falsche Vergleiche, die Unschuld, mit der er als selbsternannter Kriegsberichterstatter Kriege falsch ausgehen läßt, Besiegte zu Siegern macht, die Russen sich über die Alpen zurückziehen läßt, behauptet, daß die Juden in Wirklichkeit von den Japanern abstammen,

den Geburtstag des Kaisers, eine sakrale Angelegenheit, an einem falschen Tage feiert! Das hat mich gereizt, in seine Rolle zu schlüpfen. Im Hinterkopf immer die Vorstellung, Loriot hätte die Rolle eines Konzelmann angenommen, der sich in Böblingen niederläßt und haarklein beschreibt, wie es dazu kam, daß General Schwarzkopf von Saddam Hussein zum Islam bekehrt wurde.
Ich ließ mich auch nicht lumpen und habe Wippchen eine attraktive Kellnerin namens Martha hinzuerfunden, in die er sich ohne Erfolg verliebt. Ein kleines Stückchen also, nicht mehr, so ganz auf den Pfaden des Kabaretts.
Dazu Franz-Josef Grümmer, der einen schnüffelnden Zensor im Auftrag seiner Majestät zu geben hatte. Ganz und gar und völlig absichtlich eine Karikatur aus dem Simplicissimus. Schnettereteng! Offizier – schlagende Verbindung – Akademiker – Hirnmasse am Rande der Existenzgrundlage.

WIPPCHEN:
Ham Sie jedient?

HOFRAT V. B.:
Selbstverständlich. Leibregiment Victoria Luise zu Fuß und zu Pferd. Vater Holsteiner aus dem Geschlecht derer zu und von Klobenstein. Mutter aus dem Stall des Flügeladjutanten Seiner Majestät: von Klüssenrath!

WIPPCHEN:
Aha. Und wie viele Rennen haben Sie gewonnen? (Abgang)

WIPPCHEN:
Die Verblödung des Akademikertums nimmt gigantische Ausmaße an. Die Hoffnung, daß das Klischee sich *nicht* mit der Wirklichkeit deckt, ist völlig unbegründet.
Weil Sie gerade da sind: Aus gewöhnlich unterbelichteten Kreisen des Hofes ist zu entnehmen, daß man glaubt, der Kaiser wisse, was er tut. Naja, gut, mag sein. Aber leider weiß Seine Majestät nicht, was sein Generalstab tut.
Es heißt, der deutsche Generalstab tut, was er kann.
Und das ist zutiefst beunruhigend!
Deutschland soll, und das umgehend, eine Weltmacht werden. Der Bismarckismus soll ausgebremst werden.
Jeder weiß, Generalstäbe sind nie ganz dicht. Ich meine, es sickert immer etwas durch. Zum Beispiel die Kriegsziele des Generalstabes. Eins davon lautet: Deutschland braucht unbedingt eigene *Bananen!* Deutschland soll eine Bananen-Monarchie werden. Darum sollen unverzüglich die Kapverdischen Inseln erobert werden.
Der deutsche Geheimdienst, bekannt für seine Bescheidenheit in Erfolgen, arbeitet nun seit zwei Monaten emsig dran, herauszubekommen, wo diese Inselgruppe überhaupt *liegt!* Nun stellt sich heraus: Es gibt auf diesen Inseln Hirse, Mais, Bohnen und Rhizinus, aber leider *keine* Bananen. Voller Zorn soll der Generalstab nun beschlossen haben, sämtliche afrikanischen Länder, in denen es nachweislich Bananen gibt, in Besitz zu nehmen.
Dazu sagte der Oberst im Generalstab, Paul von Hindenburg: »Der deutschen Eiche Licht und Luft verschaffen!«
Und eben Bananen.
Die Elefanten betreten den Porzellanladen, und siehe, sie sind alle uniformiert.

Mein Gott, denkt sich Wippchen, wenn die Russen sich nicht mit der Befreiung des Balkans von den Türken beeilen, dann erobern die Deutschen Troja und kassieren den Wegezoll an den Dardanellen. Also Attacke – Attacke – hinein in die Kacke!!

Nicht nur Bananen haben damals schon eine große politische Rolle gespielt. Fast alle Probleme, mit denen wir uns heute noch herumschlagen, begegnen einem schon zwischen 1870 und 1914. Großmannssucht, Profitrausch, Ausländerhaß, Antisemitismus, Nationalismus, Volksverhetzung, Spießbürgertum, die Reichen werden unermeßlich reich, die Armen rutschen unter das Existenzminimum. Spekulanten zünden sich die Zigarren mit Geldscheinen an. In Berlin bauen sich die Millionäre ihre Paläste dicht an ihren Kaiser heran. Die armen Leute verlassen das Zentrum der Stadt und verschwinden in Wohnställen am Rande der Stadt. Später wird dann eine Gegenbewegung stattfinden, die Reichen ziehen an den Rand, die Armen wieder hinein. Heute wollen die Reichen wieder hinein, und die Armen müssen wieder hinaus.
Die Stellung der Frau ist mehr eine Lage, und die sieht nicht rosig für sie aus. Der Kaiser will Soldaten, die Frauen sollen sie liefern. Der Herr ist der Meister und baut sich seinen Thron im Haus. Die Frau ist ihm untertänig und legt sich hin, wenn sie muß. Pünktlich das Essen auf den Tisch und Klappe halten.
Vor der hohen Obrigkeit, dem hohen Militär, vor seiner Majestät, den Gott gesandt hat, knicken dem Hausherrscher die Knie ein. Wilhelm Zwo, aufgedonnert in

schimmernder Wehr, immer verdecken wollend, daß
er einen zu kurzen linken Arm hat, fährt täglich einmal
durch die Stadt. Die Untertanen stehen am Straßenrand
und spüren den Hauch des Göttlichen. Nur die Pferde
spüren ihn nicht, sie äpfeln.
Der Hofbericht meldet täglich: »Nicht enden wollende
Hochrufe.«
Eine Männerzeit. Männerschicksale.
Eins davon, ein sehr schweres, hat Renate (Martha) in
bewegenden Worten zum Vortrag gebracht.

**Das Protokoll von Studienrat Knoll**

Eines Tags stand Knoll vor seinem Kaiser.
Jäh und unvermittelt stand er da.
Und er rief sein: »Hoch!«,
es klang schon etwas heiser,
und sein Kaiser schaut ihn an
und sagte: »Ja?«

Da war er so froh,
so froh, so froh,
so froh wie noch nie,
so froh – aber wie!

Knoll erkannte ihn von diesem Tag als Gott an.
»Wo ein Willem ist«, rief er, »ist auch ein Weg!«
Doch von dem Moment an,
da begann er leicht zu stottern,

und er stotterte:
»Daß ich das noch erl...leb.«

Da war er so hei,
so hei, so hei,
so heissajuchhei,
so dideldumdei!

Anderntags stand Knoll vor der Erfüllung,
denn sein Weib verriet errötend: »Im August.«
Und der Knoll war ganz verrückt ob der Enthüllung:
»Einen Sohn leg ich dem Kaiser an die B...brust!

Der wird ja so stroh,
so stroh, so stroh,
erinnerst du dich?
So strohblond wie ich!

Endlich kann ich Willem was vererben.
Gott sei Dank, mein Weib hat funktioniert.
Einen Knaben, den gebiert man nur zum Sterben,
und mein Sohn, das weiß ich, der pa...pariert.«

Da war er so Mann,
so Mann, so Mann,
so mancher schafft's nie,
da war er so Mann wie noch nie.

Donnerstags stand Knoll am Bett des Weibes,
und der Sohn war eine Tochter, ja v...verreck!

Und in Anbetracht der Ausgeburt des Leibes
war der Mann geschockt und ex und weg!

Und jetzt ist er t...tot,
so t...tot, so t...tot
in der Anat...tomie.
jetzt ist er so t...tot wie noch nie.

(Musik: Franz-Josef Grümmer)

# SPÄTWIPPCHEN

Boxen für WIPPCHEN!
Hans Joachim Rauschenbach
im Sportkanal über einen älteren
Boxer: „Er versucht dem
Zahn der Zeit ein
Schnippchen zu schlagen

Ein echter Rauschenbach-Wippchen. Die Sportreporter haben Wippchen beerbt. Die reine Freude. Mit dem Unterschied natürlich: Sie tun es unfreiwillig. Sie suchen nach Vergleichen, um öde Fußballspiele oder langweilige Radrennen sprachlich auszuschmücken.
Esser, Ploog: Spitzenformulierer an den Rändern der Schlachtfelder des Spitzensports; Angermann: der Meister der rollenden Speichen durch die Hitzehöllen der Tour der Leiden! Alle werfen sie die Kunst ihrer Formulierungen zwischen die Beine der grätschenden Knöchelzertrümmerer auf den Fußballfeldern.
Ach, es ist eine Freude, ihre Fortschritte zu beobachten.

Denken wir nur an dieses geschichtliche Drama in Schweden, als elf Dänen elf verdutzten deutschen Fußballneureichen den Ball nicht mehr geben wollten. Lähmende Stille legte sich wie ein alkoholisierter Schwamm über Deutschland.
Dänen! Wie konnte das passieren?
Nach einiger Zeit kam es heraus. Der Reichsbundestrainer Berti, gewiegter Taktiker, soll seine Buben bis zuletzt im unklaren darüber gelassen haben, wo die Dänen ihr Tor aufgebaut hatten. In dieser Zeit der Orientierungslosigkeit schossen die Dänen ihre Tore.
Mein Gott, was hätte Rauschenbach daraus gemacht!
Da stehen sie, die Klinsmanns, Kohlers, Hässlers, bis zu den Knöcheln in den Freudentränen der Dänen watend. Diese Schande, die nur durch die Feuerwehr der Selbsterkenntnis im Keime gelöscht werden kann. Aber es brennt. Es brennt. In den Augen der Geschlagenen, aber auch am Rande des Stadions, wo die Freudenfeuer der tanzenden Dänen aufglimmen wie der Verdacht bei Berti, der zu seiner Zeit nie einen Ball aufgegeben hat, während seine Buben ihn aufgaben wie einen Brief, an dem ihnen nichts liegt. Aber Niederlagen können heilsam sein wie die letzte Ölung eines Gebrauchtwagens, dem man das Gnadenbrot gönnt, wie den Elefanten Hannibals, als sie die Schneegrenze erreicht hatten und der Rüssel ihnen die Richtung wies, und die heißt für unsere Mannschaft Amerika! Weltmeisterschaft. Jede Niederlage ist schon die Ankündigung für die nächste. Vergessen wir Schweden, das uns das Licht ausblies mit zwei dänischen Schüssen und die unsere Jungens trafen wie russisches Roulette! Amerika! Hoffnung. Zuversicht! Der Kontinent, den der Spanier mit dem Ei, das Sie, meine

Damen und Herren, heute morgen vielleicht schon aufgeschlagen haben wie Ihre Programmzeitung, irrtümlich entdeckt hat. Jesse Owens, Buffalo Bill, Hollywood! Wo ein Charly Chaplin zum Picasso der Komik geworden ist. Gratulieren wir diesen Dänen, die jetzt den Pokal voller Stolz im Winde flattern lassen wie eine Fahne. Aber wie leicht wird der Sekt des Triumphators zum Wermut des Besiegten, und niemand kann sich Schuhe zubinden, wenn er keine Schnürsenkel hat. Verzeihen Sie mir, daß ich in dieser Minute der Dämmerung, die sich über das Geschehene legt wie Schweigen über Gesagtes, so offen zu Ihnen spreche, ich trage mein Herz auf der Zunge, die man nicht auf die leichte Schulter nehmen darf, ich aber lege mein Herz darauf und mache aus ihm keine Mördergrube, in die jeder einmal fahren muß, wenn seine Zeit abgelaufen ist, was ich nun von mir behaupten muß. Auf Wiedersehen.

# BESTELLZETTEL

Ursulastr. 9, 8000 München 40
Tel. 0 89 / 39 53 57 od. 39 19 97

RECHNUNG

4 Pl. für Emma N.
2 Pl. für Hotel
am Bassator
Cilly

In dem Rechnungsbetrag
ist die gesetzliche Mehrwertsteuer enthalten.

Unsere liebe, gute Cilly, Köchin in der Lach- und Schießgesellschaft während der 50er Jahre. Gemeint waren Plätze für M.A.N. und das Hotel Ambassador.
Sie hatte es einfach so hingeschrieben, wie sie es am Telefon gehört hat. Sie war gar nicht beleidigt, als wir darüber lachten. Cilly war unsere Ladenmutter, hat sich auch um uns gekümmert, wenn wir Sorgen miteinander hatten. Ihr Gerechtigkeitssinn war stark entwickelt, ihre Menschenkenntnis sprichwörtlich. Nicht zuletzt dank ihr herrschte ein guter Ton am Spielplatz.
Heute haben wir, und das schon seit längerer Zeit, Traudl. Cilly in jünger. Läßt sich nichts gefallen. Sie bedient ihre Gäste mit der ihr eigenen Würde. Arroganz bestraft sie spielend durch Gesichtsveränderungen. In schlimmeren Fällen mit ein, zwei Pitsch-Patsch-Sätzen. Daß sie aus München stammt, hört man mühelos heraus. Wir wissen: Unser Publikum ist gut aufgehoben bei ihr. Hat sie schlechte Laune, bügelt es Marlies mit Honig im Blick wieder aus.
Sie waren uns immer eine Hilfe, wenn unnormale Dinge in unserem »Laden« passierten. An Katastrophen kann ich mich nicht erinnern, wenn man von einem kleinen Zwischenfall absieht, der sich während einer Vorstellung ereignete, als Ursula Herking noch bei uns spielte. Fünf laute Herren in Begleitung einer gutaussehenden jungen Dame verhielten sich von Minute zu Minute immer grotesker, so daß wir rätselten, ob sie nur leicht verblödet oder aber schwer betrunken waren. Sie mischten sich ein in unsere Dialoge, redeten wirres Zeug und begannen Witze zu erzählen. Es war auch ersichtlich, daß ihnen unsere Meinung nicht gefiel.
Das Publikum gab deutlich zu erkennen, daß ihm die Einlas-

sungen der Herren nicht gefielen. Es schien so, als ob die Herren sich an einem Hahnenkampf beteiligten, welcher der Herren wohl der Dame am stärksten imponieren würde. Der Dame war das peinlich, sie verließ den Raum aber nicht, weil, wie sich anschließend herausstellte, sie als Sekretärin des albernsten der Herren in einer gewissen Abhängigkeit war. Ein Fünf-Personen-Abschleppdienst war in voller Tätigkeit. (Es war zur Zeit der BAUMA, der Baumaschinenmesse.) Als das Prost der Herren lauter wurde als die Sätze, die wir zu sagen hatten, stellten wir unsere Spieltätigkeit ein und forderten die Herren auf, die Entscheidungsschlacht etwas zu verschieben. Der Eigner der armen Sekretärin schlug uns vor, daß *wir* doch auch aufhören könnten. Wieherndes Gelächter der anderen vier Hähne. Da begann einer von uns zu krähen. Das Publikum dankte es mit einem donnernden Applaus. Unverständnis der Herren. Sie hatten es nicht begriffen. Der Boß begann zu singen. Ein anderer grölte: »Der Herr Direktor singt die erste Strophe, und dann fällt der ganze Saal ein.« Riesenerfolg. Die Herren überschlugen sich vor Begeisterung.
Hans-Jürgen Diedrich und Klaus Havenstein hatten sich auf den Flügel gesetzt und sahen der Sache gelassen zu. Ich sagte: »Wir lassen jetzt die Herren mal machen und warten, bis sie einen Hänger haben.«
Antwort von unten: »Von wegen Hänger! Wir haben einen stehen, daß es kracht!« Riesenerfolg im Kreise der Gockel. Das Publikum schämte sich still und wartete ab. In diesem Augenblick packte Ursula Herking einen Stapel Manuskripte, holte aus und schmetterte ihn von ganz oben auf den Tisch der Zeitgenossen, so daß die Gläser umfielen und ihre Hosen naß wurden, und brüllte los: »Macht, daß ihr raus-

kommt, ihr Affen, das ist hier kein Puff, wo ihr hingehört!!« Riesenbeifall des Publikums. Die Herren waren plötzlich ganz still. Darauf waren sie nicht vorbereitet. Und dann rief das Publikum geschlossen: »Raus!«
Sie entschlossen sich zum geordneten Rückzug. Wir haben keinen der Herren mehr wiedergesehen.

Viel später, im Jahre 1980 glaube ich, an einem Buß- und Bettag, als Werner Schneyder und ich unser drittes Programm spielten, geschah etwas völlig Unerwartetes und auch nie wieder Dagewesenes. Werner sagte seine Pointe, ich sagte die meine, ein Lacher gab den anderen, da hörten wir hinten an der Bar, die wir zum Zuschauerraum erweitert hatten, ein Geräusch, das wir uns nicht erklären konnten. In solchen Fällen versucht man schlagfertig zu sein, blitzartig zu reagieren wie: »Sooo komisch war's ja nun auch wieder nicht.« Oder: »Finden Sie das nicht ein bißchen aufwendig, bei so einer kleinen Pointe gleich vom Stuhl zu fallen?« Natürlich habe ich das gesagt, Werner mochte solche Schlagfertigkeiten nicht, er vermutete immer, man würde die Sachlage nicht treffen.
Mit Recht, wie sich herausstellen sollte.
Im hinteren Teil des Raumes, an den sich der Barraum anschloß, wurde die Unruhe heftiger. Es lachte auch merkwürdigerweise niemand über meinen Satz. Wenigstens ein bißchen hätte doch … nein? Nein. Ganz und gar nicht.
Nun gut, dachten wir, negieren wir das, spielen wir weiter. Hinter uns tat sich plötzlich der Vorhang auf, ein Vorgang, der auf der Bühne stehende Menschen normalerweise zu Tode erschreckt. Traudl stand da, leichenblaß, und teilte leise mit, einer der Herren auf den Barhockern sei zu Boden

gefallen. Vermutlich Infarkt. Es wäre schon jemand unterwegs, um den Notarztwagen anzurufen.
Wir brachen die Vorstellung ab und versprachen, nach einer Pause, wenn wir durch den Arzt Genaueres wüßten, das Programm fortzusetzen. Das Publikum, leicht verstört, verließ das Theater und ging an die frische Luft.
Der Notarztwagen war schon zu hören, hielt mit quietschenden Reifen vor dem Haus, zwei Helfer mit einer Bahre, hinter ihnen der Arzt, stürmte herein.
Nach zwei Sekunden wußten wir: Der Mann war tot. Er wurde auf der Bahre in unsere Garderobe gebracht und auf die Couch gelegt.
Wir mußten es nun dem Publikum mitteilen. Werner war zutiefst erschüttert und bat mich, das zu übernehmen. Ein schwerer Auftrag. Inzwischen hatte sich der Saal wieder gefüllt. Die Leute warteten gespannt, was wir ihnen zu sagen hätten.
Es überläuft mich heute noch ein Frösteln, wenn ich an die Sätze denke, die ich aus mir herausgepreßt habe. War es der Schock? Jedenfalls war die sogenannte Schlagfertigkeit wie weggeblasen. Hinter mir, hinter dem Vorhang, warteten Werner, Cathérine, Traudl, Marlies und Gerti. Es hörte sich dann ungefähr so an:
»Meine Damen und Herren ... äh, die Sache mit dem Herrn ist leider nicht gut ausgegangen...«
Hinter dem Vorhang hatte sich stark unterdrückte Heiterkeit entwickelt. Ich verließ die Bühne. Werner hatte Tränen in den Augen. Lachtränen. Noch heute, in ruhigen Saufstunden, pflegt er diesen Satz zu zitieren. Es ist immer ein Erfolg.
Später, die Vorstellung wurde mit Zustimmung des Publi-

kums abgebrochen, klopfte ein schüchterner Herr – er trug eine schwarze Baskenmütze, wie sie in ganz frühen Jahren modisch war – und stellte sich als Bruder des Verstorbenen vor. Dann ging ich mit ihm in die Garderobe, und wir setzten uns an die Seite seines Bruders. Langsam fing er sich und begann zu erzählen. Daß sein Bruder ein alter Stammgast der Lach- und Schießgesellschaft gewesen sei, nie hätte er ein Programm von uns verpaßt, sämtliche Platten von uns hätte er gesammelt, jede Sendung gesehen, und nun hätte er ihn, den Bruder, überredet, mit ihm das Programm von Werner und mir zu besuchen. Dabei schauten wir beide unverwandt das ruhige, friedliche Gesicht des Toten an. Und dann, erzählte er weiter, sei diese Doppelpointe gekommen, über die er selbst auch sehr hätte lachen müssen, aber nicht in dem Maße wie sein Bruder, und während er noch lachte, sei er plötzlich wie ein Stein von seinem Barhocker gefallen.
Dann schwiegen wir eine längere Zeit.
Plötzlich legte er seine Hand auf meinen Arm und sagte leise: »Herr Hildebrandt, er ist der einzige in unserer ganzen Familie, der es geschafft hat.« Etwas verwirrt fragte ich zurück, was er damit meine, und er sagte. »Er hat sich totgelacht.«

# ES MUSS WEITERGEHEN!

| Datum | Titel der Arbeit | Zensur |
|---|---|---|
| 1 | | |
| 2 | | |
| 3 | Vater, wenn Du die letzten | |
| 4 | Seiten geschrieben hast sei nicht | |
| 5 | traurig daß Du nichts mehr zu | |
| 6 | erlebt hast. Es wird schon wieder | |
| 7 | was kommen. Habe heute Abo- | |
| 8 | spiel im B.R. | |
| 9 | Ob sie mich reinlassen? | |
| 10 | | |
| 11 | | |

Schlange, spöttische! Es geht weiter, daß mir die Ohren wackeln. Und die Zettel sind immer noch da und keine Ordnung, einkaufen muß ich auch. Meine Butter ist schon sechs Wochen über dem Verfallsdatum, der Quark ist verschimmelt, und mit dem Brot kann ich Nägel einschlagen. Außerdem habe ich ein Fax im Köcher. Jemand hat mir mitgeteilt, daß im Parlament wieder eine Nacht- und Nebel-Abstimmung stattgefunden hat. Nach 18 Uhr, ohne Fernsehen, und mit schlechtem Gewissen.
Natürlich hat es eine Mehrheit gegeben. Die Damen und Herren Abgeordneten haben im Falle des Wirtschaftsboykotts gegen China etwas länger gezögert mit der Aufhebung

desselben als unsere Geschäftsleute. Ein paar Monate, nachdem die chinesische Regierung ihre aufmüpfigen Studenten mit Panzerketten zum endgültigen Schweigen gebracht hatte, waren sie schon wieder in Peking. Geschäft ist Geschäft. Morde von Regierungen sind nach drei Monaten verjährt.
So zu kann eine Totschlagdiktatur gar nicht sein, wie der Markt offen ist.
Dem schließt sich nun unser Parlament an. Zeit für Scham ist nicht. Die Containerschiffe sind bald fertig, die wir den Chinesen liefern möchten. Arbeitsplätze! Die Werften! Vor allem die im Osten.
Das Problem mußte vom Tisch. Wutsch, weg damit. Mit der Rückhand.
Für die SPD war das etwas schwieriger als für die anderen. Ist sie für die Moral, ist sie gegen die Werften. Stimmt sie dafür, ist sie gegen die Moral. Peinlich.
Darum muß das Geschäft nicht nur *vom* Tisch, sondern gleich unter ihn.
Genügend Argumente, die Mörder von 1989 zu entschuldigen. Wir müssen China stützen, sonst bricht es zusammen wie die Sowjetunion, und dann wollen womöglich zehn Millionen Chinesen nach Bayern oder Baden-Württemberg! Und sie können ja nicht alle ein Lokal aufmachen.
Nein, es muß weitergehen! Außerdem schicken wir sowieso schon seit längerem alles mögliche zu den Chinesen. Richtig so, die letzten Kommunisten, die es noch gibt, müssen stabilisiert werden. Folter und Zwangslagerspezialisten stabilisieren heißt ja auch Börsenkurse stabilisieren. Na also.
Und noch etwas: Der Deng Xiaoping ist schon sehr alt und sehr krank. Wenn er stirbt, so heißt es, muß sich der Li Peng das Leben nehmen. Tut er auch. Der Chinese ist da rigoros.

Und das weiß man ja schon lange: Jeder nächste Chinese, der in Peking an die Macht kommen wird, ist ein Demokrat. Mord ist Mord und Politik ist Politik. Das sind Äpfel und Birnen.
Es muß auch endlich Schluß sein mit der Verteufelung von Firmen, die Giftgas und andere chemische Problemlöser an Länder in Spannungsgebiete verkaufen. Wo sollen sie denn hin damit? Sollen sie sie nach Monte Carlo schicken? Da kann ruhig jeder seine Meinung haben.
Ein altes chinesisches Sprichwort sagt: »Meinungen sind wie Nägel, je mehr du auf sie einschlägst, um so tiefer dringen sie ein.«
Kapiert?
Jetzt aber Schluß. Ich packe jetzt sämtliche Zettel, schmeiße sie in meine Mülltonne ... Moment? Oder muß das in den Sperrmüll?
Nicht so hastig. Ich lese da: Im nächsten Jahr betreiben die beiden Großkirchen gemeinsam den Sender »Antenne Jesus«. Und der nächste: »Schulaufgabe aus dem Lateinischen: ›Beckenbauer nunc triginta unum annos natus est.‹ – Beckenbauer ist nun 31 Jahre alt.« Muß ein alter Zettel sein. »Was ist das? *Numerus clausus?* Antwort: Es besagt, daß Studenten nur beschränkt zugelassen werden.«
Und hier: »Sogar Bundeskanzler Helmut Kohl, der ja bekanntlich von allem mehr versteht als andere, glaubt nicht umhinzukönnen, analytische Bemerkungen zur Problematik der antizyklischen Paßfolge in verriegelten Strafräumen zu machen.« Dann werden wir Weltmeister!
»Im Amazonasgebiet Brasiliens gibt es einen Indianerstamm, der im Jahre 1972 den ersten Kontakt mit den Weißen hatte. Seit dieser Zeit töten die Eltern ihre neu-

geborenen Kinder, um den Stamm langsam aussterben zu lassen. So erschrocken waren sie.«

Ich kann sie verstehen. Natürlich muß es weitergehen. Aber nicht so.

Gott schütze diesen Erdball, die Elefanten, die Wale, die gemeine Feldmaus, den Marienkäfer, Löwen, Tiger, Flußpferde, Ringelnattern, Klapperschlangen, Hunde, Katzen, Baum, Bach, Fluß und Amsel, Drossel, Fink und Star – Gott schütze sie alle ... vor uns.